La petite fille du Nord

La petite fille du Nord

Nina Laville

Avec la collaboration de
Annelise Guérend Levin

Je fais le récit de mon histoire,

pour Maman et mon frère,
pour mes enfants,
pour ma famille maternelle,
pour mes « deux pères ».

Prologue

Dans un petit village du Pas-de-Calais Brigitte et Rémy se marient en mars 1962. De leur union naît un petit garçon. Ils vivent dans une maison qu'ils ont achetée et qu'ils rénovent. Bien qu'issus de milieux différents, ils semblent les plus heureux du monde.

Rémy a un seul frère. Ses parents vivent dans une maison confortable, juste en face. Brigitte quant à elle est issue d'une famille nombreuse, elle a l'esprit de famille et reçoit souvent ses frères et sœurs. Septième au milieu de trois frères et quatre sœurs éprouvés par la mort prématurée de leur père, mineur de fond. La silicose l'a emporté alors que Brigitte avait tout juste sept ans. De ce drame familial elle reste à jamais meurtrie. Une sourde colère envahit son cœur et lui forge le caractère.

La mère de Brigitte se remarie avec un homme qui ne lui apporte rien de bon. Quand elle est veuve à nouveau, elle vient vivre chez Rémy et Brigitte qui lui ont préparé une chambre confortable où ses amies lui rendent visite.

La grand-mère « Mémère » – comme on l'appelle en ch'ti – est une femme discrète et toujours contente de son sort. Elle n'a d'yeux que pour son petit-fils. Elle lui prodigue beaucoup d'attention, particulièrement lorsque les jeunes parents sortent. Malgré tout, l'enfant aurait bien envie d'un petit frère ou d'une petite sœur pour jouer. Brigitte partage ce désir, elle n'imagine pas son enfant rester fils unique. Alors qu'elle tombe enceinte, malheureusement elle fait une fausse couche.

La santé de la grand-mère décline, elle perd du poids, devient de plus en plus faible : c'est un cancer des os qui la ronge. Brigitte garde l'espoir que Mémère se rétablisse, elle l'aide au quotidien et fait preuve de courage. Imaginer perdre sa mère après avoir si peu connu son père la bouleverse. Brigitte s'entoure d'amies sur lesquelles elle peut compter.

À la suite de longues souffrances, la grand-mère décède. Le petit-fils âgé de onze ans ressent un immense chagrin. Brigitte erre dans la chambre de sa mère, en écoutant le tube de Frédéric Monteil « *Cette chambre vide* ». Pendant des années, elle continuera à la passer en boucle.

L'amour et les soins incessants que Brigitte a portés à sa mère malade l'ont éloigné de Rémy… Jour après jour, leurs relations se sont détériorées. Entre eux s'est creusé un fossé. Rémy porte peu d'attention à sa femme, il se mure dans l'égoïsme, préférant le football et surtout le bar à cinquante mètres de la maison.

Malgré tout, Rémy et Brigitte fréquentent un couple d'amis, Jeannette et Claude, avec lesquels ils vont au même cours de gymnastique le vendredi soir. Les parents passent de nombreuses soirées ensemble, leurs enfants deviennent compagnons de jeu et les deux familles partent quelquefois en vacances au bord de la mer du Nord. À eux huit, ils forment une sorte de grande famille.

Au printemps 1973, Brigitte annonce qu'elle attend un bébé et tout le monde se réjouit de cette future naissance prévue pour début janvier 1974.

La grossesse se passe bien, Brigitte reste très active et sportive. Tout le monde est heureux.

Début janvier, aucun signe n'annonce la naissance. Finalement le médecin décide de déclencher l'accouchement quelques jours après le terme. Une petite fille pousse enfin son premier cri le 14 janvier 1974. Brigitte est entourée de son mari et de sa belle-mère qui tient à être présente.

La petite fille hérite du prénom de sa grand-mère maternelle, qu'elle n'a pas eu la chance de connaître : Nina. Elle le chérira comme un trésor. L'autre grand-mère impose le deuxième prénom qui est le sien.

Voilà le début de mon histoire puisque je suis ce bébé.

C'est une leçon d'humanité, qui j'espère vous touchera. Cet exercice d'écriture participe également d'une certaine manière à ma thérapie. Ce témoignage cherche à montrer que l'on peut surmonter les traumatismes de l'enfance. Que ceux et celles qui auraient traversé des épreuves similaires aux miennes y trouvent un encouragement.

Révélation

« Petite mémère tranquille », je grandis bien, je compte déjà quatre dents à six mois. Les photos me montrent toute ronde et mon frère, si fier et heureux de ne plus être seul, s'occupe bien de moi. Je suis baptisée quelques mois plus tard, entourée de la famille et des amis, notamment Claude et Jeannette que mes parents voient très souvent. Pour moi, Maman récupère affaires et vêtements de leur petite dernière qui a deux ans de plus que moi.

Je viens à peine de souffler ma première bougie quand un vendredi soir, on sonne à la porte. Mes parents rentrent du cours de gymnastique. Je suis dans la cuisine, en pyjama, en train de mordiller un morceau de pain. Mes joues sont rosies par le poêle qui chauffe notre maison. C'est Jeannette qui interpelle Maman.

– Appelle Rémy !

– Que nous vaut ta visite, Jeannette ? dit Papa en s'approchant.

Jeannette fusille Maman du regard :

– Ta femme est une garce !

Puis elle se tourne vers moi :

– Tu vois la petite fille, là, ce n'est pas la tienne ! lâche-t-elle avec fureur.

Mon frère a à peine le temps de m'attraper, il file dans sa chambre et s'affale sur son lit, en me serrant fort dans ses bras. Il est désemparé. Il vient de comprendre du haut de ses treize ans et demi, il pleure. Jeannette brandit la preuve qu'elle vient de découvrir : une photo de Maman et moi avec une inscription au dos « *Nina, un an, ta fille* ». Claude a-t-il fait exprès de laisser traîner cette preuve ? Je l'ignore. Mais Maman ne nie pas. Rémy voit sa vie défiler…il est troublé. Depuis quand lui a-t-on menti ? La question tourne en boucle. Depuis quand ? Depuis quand Maman et Claude sont-ils amants ?

La suite, c'est l'organisation du divorce entre Maman et celui que je croyais être mon père, Rémy. Chacun fait appel à un avocat. Les parents de Rémy s'en mêlent, ils attachent de l'importance à la réputation. La procédure s'éternise, avant la séparation effective, nous vivons tous les quatre sous le même toit. Une cloison est montée dans la salle de séjour pour installer une chambre pour Rémy. Cela ne nous empêche pas de nous croiser, dans la cuisine ou le séjour. L'ambiance est électrique. Maman empêche Rémy de s'approcher de moi, de me prendre dans ses bras. Au moindre geste elle lui rappelle que je ne suis pas sa fille. Et si je me dirige vers lui, elle me rabroue.

J'ai dix-huit mois, je fais mes premiers pas, quand je passe à côté de Rémy assis dans le canapé je lui souris. Lui regarde tristement cette jolie petite fille, dans sa robe jaune assortie aux cheveux couleur paille. En serrant la mâchoire il retient ses larmes.

Qu'est-ce qu'il se passe dans la tête d'un bébé de dix-huit mois confronté à une rupture aussi brutale ? Et moi, que puis-je comprendre, à cet âge-là ?

Pourquoi m'éloigne-t-on de mon papa ? Pourquoi n'ai-je plus de papa ?

Cette atmosphère de colère permanente déclenche une poussée d'eczéma purulent. De la tête aux pieds je suis couverte de plaques. Heureusement, mon frère est bien le seul à ne pas changer d'attitude envers moi, même si de toute évidence, il se pose des questions. Je reste sa petite sœur malgré ce qu'il a entendu. Il éprouve une grande peine. Aujourd'hui encore, on peut lire de la tristesse dans son regard.

Claude, mon véritable père avait promis à Maman de venir vivre à nos côtés. Finalement il poursuit sa vie de famille comme avant. Maman a été bien naïve. Elle s'éloigne alors de celui dont elle a été tellement amoureuse. Il lui faudra du temps pour l'oublier.

Jeannette endure la situation et rend la vie impossible à son mari, sans néanmoins demander le divorce. Pourtant cette aventure extraconjugale ne semble pas être la première.

Concernant Rémy, Maman aimerait qu'il désavoue sa paternité. Mais la démarche n'est plus possible, il aurait fallu agir dans un délai maximum de six mois après ma naissance. Puisqu'il a déclaré être mon père en toute bonne foi quand je suis née, il est maintenant trop tard. Rémy ne voit pas d'inconvénient à ce que je porte son nom ; il paiera même une pension alimentaire à Maman pendant plus de dix-huit ans.

Mais pour moi, c'est une situation ambiguë et lourde à porter. Je suis obligée de garder le nom de famille qu'il m'a donné. Et je le porterai toute mon

enfance et ma jeunesse, jusqu'à ce que je prenne celui de mon mari (avec un grand soulagement !).

Pour ce qui est de mon deuxième prénom : il fait
référence à la mère de Rémy pour honorer le lien de
grand-mère à petite-fille, alors qu'en réalité elle
n'est pas ma grand-mère et qu'elle met de l'huile sur
le feu dans le divorce qui oppose Maman et Rémy.

À quatre ans, un nouveau départ

J'ai quatre ans quand la maison dans laquelle j'ai vécu est mise en vente. Maman a obtenu la garde de mon frère, nous partirons tous les trois dans une petite maison en location. Il faut faire vite pour préparer le déménagement. Je me revois dans la salle de bains, Maman nettoie la baignoire. Dans le fond se trouve ma chaîne de baptême que j'avais perdue. Elle est pleine de nœuds, mais comme je suis contente de l'avoir retrouvée ! Mon regard est attiré par la médaille et la vierge Marie. Je sens déjà que je crois en elle, je l'appelle au secours.

Maman est dans une situation difficile, jour après jour son moral décline, même si elle est rassurée que nous restions ensemble, tous les trois. Comme souvent quand survient un divorce, l'entourage a pris ses distances. La famille s'est éloignée et le cercle d'amis s'est rétréci.

Elle qui travaillait à l'usine et donnait des cours de gymnastique se trouve maintenant sans emploi. La sécurité financière s'est envolée. Désœuvrée, Maman passe son temps au bar d'à côté où elle fréquente des gens un peu louches, entre autres, un drôle de type sorti de prison auquel elle s'accroche.

Heureusement il reste Marie et son époux sur lesquels elle peut compter jour et nuit. Quand Maman travaille cette amie veille sur moi, je l'appelle « Nounou ». Elle a cette capacité à fixer un cadre sévère tout en étant câline. Son foyer devient pour moi comme une seconde famille. Je crois aussi que leurs chiens ont fait naître en moi l'amour pour cette espèce.

Maman trouve un peu de réconfort et de détente en continuant à pratiquer la danse dans un groupe folklorique avec un de ses cousins. La musique a toujours occupé une place importante dans sa famille. Quand son père jouait de l'accordéon, ses cinq filles chantaient. Maman est passionnée de danse, moi aussi j'ai hérité de ce goût pour la musique, le chant et la danse.

Maman s'enfonce doucement mais sûrement dans la dépression. Pourtant, 1979 marque un nouveau départ. Maman s'est lancée dans un nouveau projet. Oh oui, je m'en souviens ! Comme le chante si bien Lara Fabian « *je n'oublie rien de rien, je me souviens* ».

Ce jour-là, je monte dans un bus avec mon frère. Il nous dépose huit kilomètres plus loin, sur la place d'un autre village. Un village si petit que tout le monde se connaît.

– Je te montre notre nouvelle maison, dit mon frère en me serrant très fort la main.

Il est tellement plus grand que moi que je cours pour suivre son allure. Je suis essoufflée, mais je fais tout pour rester accrochée à lui. Nous entrons dans un bar. Maman se tient derrière le comptoir. Avec l'argent de la vente de la maison, elle a décidé de reprendre un débit de boissons ! Un bistrot enfumé, des tables occupées par des clients un peu trop alcoolisés : est-ce le meilleur environnement pour élever seule un fils de dix-sept ans et une fille de cinq ans ? Maman y a-t-elle pensé ?

Je n'ai que cinq ans à l'époque, ce qui compte le plus pour moi, c'est de n'être jamais séparée de Maman et de mon frère. Bar ou pas, je suis impressionnée par les lieux. Derrière la salle du café qui me semble immense, nous avons un séjour, une cuisine, une salle de bains et un W.C. Un escalier vertigineux mène aux trois chambres à l'étage.

Pour mon frère aussi la vie va changer : il est bon élève, il sera interne du lundi au vendredi au lycée de la ville la plus proche. Il reviendra le week-end. Nous ne nous sommes déplacés que de huit kilomètres, mais c'est assez pour m'éloigner de ma nounou adorée, que je verrai plus rarement.

Cette vie au bar durera trois ans. Une période pendant laquelle je suis très souvent livrée à moi-même. Mes journées commencent à l'aube. Maman se lève tôt pour faire le ménage avant d'ouvrir le bar à sept heures. Je l'accompagne parce que je n'aime pas rester seule à l'étage. Je la regarde, les yeux endormis. Elle est trop occupée pour me préparer un petit déjeuner. Dans l'odeur de tabac froid, je bois simplement un verre de limonade. Je pars seule et le ventre vide à l'école qui n'est pas bien loin heureusement.

Le midi, Maman cuisine des moules frites ou un bœuf bourguignon pour les employés d'une entreprise de bâtiment. Ils travaillent sur des chantiers aux alentours. Elle n'a pas le temps d'aller me chercher à l'école, elle envoie toujours l'un ou l'autre pour me récupérer avec sa camionnette aux couleurs de l'entreprise. Il y a des jours où l'on m'oublie. La maîtresse guette par la fenêtre et finit par téléphoner à Maman. Quelques minutes après, la camionnette arrive en trombe…

Je partage ensuite le repas au bar en joyeuse compagnie avec tous ces ouvriers. J'apprécie cette coupure du midi pour l'ambiance et pour le repas, le seul convenable de ma journée. Le soir je dîne plutôt sur un coin de table, une assiette de frites ou de fricadelles, comme celles que Maman sert aux clients.

Le soir, à une heure où les enfants de mon âge dînent en famille ou sont couchés, je suis presque toujours délaissée par Maman, accaparée par le service. Alors j'enfourche mon petit vélo et pédale à vive allure dans notre rue. Je suis seule, sans personne pour jouer avec moi. Je me lance des défis et en guise de trophée je colle des autocollants sur mon vélo.

Quand la nuit tombe je n'ai qu'une envie, que les clients me laissent enfin ma mère. Alors je rentre au bar, je frappe dans mes mains comme la maîtresse à l'école et je fais le tour de la salle : « Il fait nuit, on ferme » ! Mon petit cinéma ne produit pas beaucoup d'effet…

Je me suis habituée à cette vie et pour combler un peu ma solitude, je traîne souvent chez les voisins, l'après-midi ou après l'école.

J'aime me rendre chez la voisine. Encore aujourd'hui des images me reviennent en tête. Je sens encore l'odeur de sa maison, comme un souvenir d'enfance de cette grand-mère de cœur. Elle m'apprend à faire la soupe, j'épluche ses carottes. Son

mari est un peu bourru, mais elle est la gentillesse
incarnée. Parfois je reste à la regarder, juste en lui
faisant un beau sourire. Il arrive qu'elle défasse son
gros chignon quand je suis là.

– Est-ce que tu veux me coiffer les cheveux ?

Elle prend une chaise pour s'asseoir et j'ai plaisir à brosser lentement sa longue chevelure blanche
et douce.

Dans le voisinage il y a aussi une femme qui
tient une boutique de cadeaux. Elle vit avec son mari
et leurs deux grandes filles. Leur vie de famille me
fait envie. Chez eux ça sent bon la confiture et le
gâteau de semoule. Lorsque j'arrive, elle me propose toujours de goûter et j'accepte à chaque fois.
Elle m'écoute, nous parlons. Un jour, alors qu'elle
lave la cuisine, je parle, je parle, je recule pour la
laisser nettoyer le sol, et tout en reculant je tombe
les fesses dans le seau ! Quelle rigolade !

Souvent, le soir, je prends un bain chez eux. Il
faut dire qu'au bar, ce n'est pas tellement pratique.
D'abord, je ne peux pas remplir la baignoire à cause
du bouchon qui fuit. Et la vidange de la machine à
laver se vide dans la baignoire, alors c'est de l'eau
bouillante qui se déverse. C'est dangereux si on est
en train de se laver ! J'en ai déjà fait les frais ! Un
jour où Maman me demande d'aller me laver, je me
débrouille seule, car elle est trop occupée à servir à
boire aux clients. Je me savonne énergiquement
dans une bassine que j'ai placée dans la baignoire.
Soudain, la vidange de la machine se déclenche :
l'eau bouillante coule dans la baignoire et me brûle
les jambes au deuxième degré ! Maman avait oublié
de me prévenir que la machine tournait. Je hurle et

Maman accourt ! Elle me passe les jambes et les pieds sous l'eau froide pendant dix minutes. Mais pendant deux semaines je ne peux plus poser les pieds par terre. Elle est contrainte de me porter pour me déplacer d'une pièce à l'autre. Je reste quinze jours sans aller à l'école. Les habitués du bar sont attendris. Certains me bichonnent et on m'appelle la « petite reine du bar ». Je reçois même des cadeaux, dont une très belle poupée.

Maman me confie aussi très souvent le week-end à une de ses sœurs qui habite à trois kilomètres. C'est Tante Mie. Elle me prend sous son aile et veille à mon éducation. Elle est mariée et mère de cinq enfants qui sont plus âgés que moi. C'est le samedi midi quand mon oncle passe au bar boire un apéritif avec ses amis que je commence à être tout excitée. Dès que je l'aperçois je me jette dans ses bras. Je grimpe sur ses genoux et on bavarde. Je guette le moment où il me dira :
— Va faire ton baluchon, je t'emmène voir tes cousins !
Je suis aux anges, je cours chercher mes affaires que j'avais bien sûr déjà préparées la veille !
Quand j'arrive chez eux, ma cousine Philomène, de dix ans mon aînée, m'accueille sur le pas de la porte. Inévitablement elle me demande : « qu'est-ce que tu fais encore chez moi ? » et je deviens toute rouge. C'est la même plaisanterie à chaque fois !
Avec Philomène, malgré notre écart d'âge, nous devenons inséparables. Elle est ma bouée de sauvetage, elle me prodigue beaucoup d'affection. Elle ne parle pas beaucoup, elle est parfois dure avec moi,

même agressive de temps en temps. Il faut dire qu'elle est triste depuis qu'un de ses frères est parti de la maison brusquement, en laissant un mot d'adieu mais pas d'adresse…

Mais avec moi elle plaisante, elle me donne des petits surnoms rigolos quand elle se moque de moi, elle dit que je « prends mes grands airs » quand je lève mes yeux au ciel.

J'aime l'ambiance qui règne chez Tante Mie. Je comble mon besoin d'affection et Tante Mie m'apporte le cadre et la rigueur qui me font défaut. Elle m'apprend la politesse, à dire « merci » et « s'il te plaît ». Si bien que je la considère comme ma seconde maman.

Pour la fête des mères, la maîtresse nous montre comment décorer avec des perles une boîte à camembert.

– Maîtresse, puisque je n'ai pas de papa, est-ce que je peux faire deux boîtes ?

– Bien entendu, mais à qui souhaites-tu offrir l'autre ?

– À ma Tante Mie qui me garde presque tous les week-ends.

Une fois que mes boîtes à bijoux sont prêtes, je les offre solennellement. Tante Mie l'utilisera et la mettra en valeur chez elle tandis que Maman laissera traîner la sienne. Mon cœur d'enfant en gardera la blessure…

J'ai aussi le souvenir de moments joyeux qui viennent ponctuer le quotidien. Le vendredi soir, je saute de joie quand mon frère revient de l'internat ! Il aide Maman dès son arrivée en se mettant à la plonge, car la pile de vaisselle accumulée l'attend. Mais surtout, il prend le temps de s'occuper de moi. Il a déjà le sens des responsabilités, il me fait passer avant les sorties avec les copains.

Ensemble nous nous amusons bien autour du juke-box qui fonctionne à plein tube !

De temps en temps Maman organise une tombola. Parmi les nombreux lots il y en a un qui me tape dans l'œil : c'est une peluche de Casimir, le « monstre gentil » de l'émission de télévision « L'Île aux Enfants ». Mais la chance sourit à quelqu'un d'autre. Devant ma déception, le gagnant décide de m'en faire cadeau ! Quel beau geste ! Désormais, pour les soirées festives je danse avec mon Casimir sur les musiques des groupes de disco à la mode.

Une fois par an, le village reçoit la ducasse (la fête foraine) pendant une semaine. Au moment où ils s'installent, les forains passent chez tous les commerçants pour leur offrir des tickets gratuits pour leurs enfants.

– Combien avez-vous d'enfants, madame ?
– Deux.

Quelle aubaine ! Comme mon frère est rarement là, c'est moi qui utilise la pile de tickets ! Je passe mes soirées et mes week-ends sur la place du village sur les manèges ! Pour attraper le pompon je me débrouille bien ! Et j'adore m'allonger dans le wagonnet de la chenille et me laisser emporter à toute allure ! Je renoue avec l'insouciance de l'enfance.

Un autre événement marquant, c'est lorsque Maman m'a présenté Claude. J'ai cinq ans et je suis en train de jouer dans le jardin de Tante Mie. Philomène m'appelle :

– Nina, il y a un monsieur qui veut te voir.

Je me demande bien quelle blague elle me fait encore. Moi je ne connais qu'un monsieur, c'est mon frère. Elle insiste et m'accompagne à la cuisine où Maman se tient à côté d'un homme.

– Je te présente Claude, c'est ton père.

À l'époque je suis bien trop jeune pour y comprendre quelque chose. Moi je n'ai pas de papa, c'est tout ce que je sais. Je déballe le cadeau qu'il m'a apporté : une jolie poupée aux cheveux noirs qui marche toute seule et qui chante à tue-tête. On peut même changer le disque dans son dos ! Je dis merci et je repars avec la poupée en sautillant dans le jardin. Claude est sans doute venu pour se donner bonne conscience…

C'est ça ma vie d'enfant… Il y a quelques moments joyeux, un peu de réconfort chez les voisines et dans la famille de Tante Mie, mais ce qui prend toute la place, c'est le sentiment de vide et d'abandon. Un jour où je me sens si mal aimée, je rassemble mes poupées et mes jouets et je sonne chez Annie avec mon barda sous le bras. Elle me fait entrer :

– Viens, Nina. Mais tu sais bien que je ne peux pas te garder. Je te ramènerai chez toi ce soir.

Je pose mes affaires dans le couloir et nous discutons longuement. Finalement, avec l'accord de

Maman, je reste quelques jours chez Annie avant de retourner au bar.

C'est ma première fugue. Oh, je ne suis pas allée bien loin et je n'ai pas beaucoup réfléchi, je n'ai emporté ni vêtement ni brosse à dents, mais c'est ma manière d'exprimer combien je souffre du peu d'attention que je reçois.

Les mauvaises rencontres

Au bar, Maman est généralement assez respectée par sa clientèle. Ce sont pour la plupart des habitués, ils savent qu'elle élève seule ses deux enfants. D'habitude il n'y a pas trop d'histoires. Chacun rentre chez soi au moment de la fermeture. Mais il arrive que des clients peu recommandables fassent du tapage.

Un jour, assis sur un tabouret un homme d'une quarantaine d'années enfile un verre après l'autre. Avec stupeur j'aperçois un revolver dans la poche arrière de son pantalon. Je cours avertir Maman qui est derrière le comptoir.

– Maman, le monsieur a un pistolet ! lui dis-je affolée, en tirant sur ses jupes.

Immédiatement elle lui demande de s'en aller. Il grommelle :

– Je pars si je veux ! Et tu vois ce plafond, j'peux en faire un gruyère !

Maman le jette dehors sans ménagement, cette fois-là j'admire son courage.

En 1981, cela fait déjà deux ans que Maman tient le bar. Elle a du mal à joindre les deux bouts, même en travaillant de nombreuses heures. Elle noie son chagrin dans d'éphémères relations amoureuses. En février, autour de mardi-gras, Maman fait la connaissance d'un type qui se donne l'allure d'un cow-boy avec ses santiags. Il se croit beau et frime. Il s'habille tout en jean et se recoiffe sans arrêt avec le peigne glissé dans la poche arrière de son pantalon. Je le déteste dès que je l'aperçois pour la première fois.

Il traîne de plus en plus souvent au bar, en soirée, jusqu'à ce qu'un jour Maman monte à l'étage avec lui. Moi je suis en bas avec Suzie – l'amie de Maman, une fêtarde un peu perdue qui s'incruste souvent chez nous pour plusieurs jours. Je ne me pose aucune question, j'ai sept ans.

Je ne l'aime pas cet homme. Mon instinct me dit de m'en méfier.

Il a quatre fils, de grands gaillards qui parfois débarquent au bar et font du grabuge. Ils voient sans doute d'un mauvais œil la relation que leur père – en procédure de divorce – entretient avec Maman. J'ai envie de dire à Maman que ce type-là n'est pas quelqu'un de bien, mais elle trop aveuglée par son amour pour m'écouter. Et ma colère monte quand la voisine Annie me dit :

– Alors Nina, tu es contente, Maman a trouvé un gentil copain ?

C'est à peu près à la même époque, à l'âge de sept ans, que je suis propulsée sans le vouloir dans le monde des adultes. Un jour, Maman part faire une course et confie le bar à un de ses jeunes clients. Il est chargé de me surveiller aussi, cela sera l'affaire d'une heure tout au plus. Je connais bien cet habitué, il doit avoir entre vingt-cinq et trente ans. Il s'accoude au comptoir et me hisse sur un tabouret pour que je sois à sa hauteur, c'est plus pratique pour entamer la discussion. On bavarde, c'est l'après-midi, le bar est vide.

– Tu as déjà embrassé un garçon avec la langue ? me demande-t-il tout d'un coup.

– Ben, non. (J'ai sept ans ! Qu'est-ce qu'il croit ce garçon ! me dis-je intérieurement).

– Si tu veux, je te montre, comme ça plus tard, tu sauras le faire.

Il n'attend pas ma réponse pour fourrer sa langue dans ma bouche.

Quand il a enfin fini je réponds en grimaçant :

– Descends-moi ! C'est très sale ! Je n'ai pas aimé !

Ce baiser forcé me perturbe. Je ne comprends pas. Je connais ce garçon, et en plus je sais qu'il est fiancé ! Qu'est-ce qui lui a pris ? Il me fait faire des choses qui ne sont pas de mon âge. C'est brutal.

Au retour de Maman je ne dis rien. C'est en semaine, mon frère n'est pas là, il ne le saura pas. Je me sens immensément seule. Désormais, même chez moi je ne me sens plus en sécurité.

Au printemps 1982, Maman décide de laisser tomber la gérance du bar. Nous restons dans le village et emménageons dans une jolie petite maison en face de la voie ferrée. Dans le jardin trône un immense cerisier.

Je suis heureuse de voir mon frère à nouveau parmi nous. Il va travailler à l'usine, à proximité de la maison car malheureusement il a échoué de peu au bac. À force de devoir aider Maman tous les week-ends au bar, il n'a pas pu se consacrer suffisamment aux études.

Il a vingt ans, c'est un beau jeune homme, aux yeux bleu vert, à l'allure sportive. Je suis fière de lui et je sais qu'il va devenir quelqu'un de bien, une meilleure personne que les hommes que j'ai rencontrés jusque-là.

Le cow-boy s'installe avec nous. Appelons-le Henri. Je m'imagine d'abord que l'avenir va être meilleur. J'ai maintenant mon frère que j'adore à la maison, et un beau-père. Il me semble que ma vie ressemblera un peu plus à celles de mes copines qui ont une vraie famille. Quelle illusion !

Maman s'ennuie dans sa maison, sans travail. Elle voit moins de monde que lorsqu'elle tenait le bar, cela lui manque. Parfois elle se rend dans un autre café du village, noyant son chagrin dans l'alcool. Bien sûr, je préférerais la trouver à la maison quand je rentre de l'école à vélo.

Les mois passent, la tension grandit entre les tourtereaux. Le soir, l'ambiance est de plus en plus électrique entre Maman et Henri. Je suis témoin de la violence verbale qui dégénère en violence physique. Non, ce n'est pas la vie de famille calme dont j'avais rêvé. Cette ambiance infernale me terrifie.

Un soir, c'est la bagarre entre Maman et Henri. Il ouvre la porte d'entrée pour jeter les meubles, j'en profite pour m'échapper. Comme d'habitude, je cherche un refuge chez les voisins. Il est huit heures du soir. Je tape très fort à la porte de ma copine d'à côté.

– Mais qu'y a-t-il donc, Nina ? Tu es toute pâle, me demande sa mère.

– Chez moi, ils se bagarrent… Est-ce que je peux attendre ici le retour de mon frère ? Il va passer dans une heure devant chez vous.

On m'accueille dans le salon. La famille au complet est installée devant la télévision. Je reste bouche bée devant ce que je perçois comme la parfaite harmonie familiale. Sur le canapé et les fauteuils : le père, la mère, les deux enfants et même la grand-mère. Je n'ai pas honte de les déranger, en revanche, ce qui m'étonne c'est que Maman ne me cherche même pas.

Lorsque je vois par la fenêtre un jeune homme marcher rapidement, je reconnais mon frère rentrant de l'usine. Je l'appelle. Il est surpris et un peu en colère de me trouver chez les voisins à une heure où je devrais être au lit à la maison. Encore une fois nous serons exposés aux commérages dans le village… Je sais qu'il en a honte. Arrivés à la maison, les débris de vaisselle cassée et les meubles déplacés donnent l'image d'un champ de bataille. Pourtant, le lendemain, on dirait que tout est oublié, comme si rien ne s'était passé. Pour moi, c'est à la fois déstabilisant et inquiétant.

Un week-end sur deux, Rémy vient chercher mon frère. Je les regarde s'éloigner. J'aimerais tellement me joindre à eux, mais pour Maman il n'en est pas question. La triste réalité c'est que moi, je n'ai pas de papa qui vient me chercher. Je n'ai qu'une Maman qui dès qu'elle peut s'arrange pour me caser à droite à gauche. Quant à mon père biologique, Claude, c'est un fantôme. Je ne l'ai pas revu depuis qu'il m'a offert la poupée trois ans plus tôt.

J'ai le sentiment d'être un boulet pour les autres. Ce sentiment est ancré en moi si profondément qu'il ne me quittera plus.

Cette année 1982 ne me laisse aucun souvenir heureux. C'est l'époque où mon frère prévoit de partir à l'armée. Il n'ose pas me le dire, il sait combien je souffre et il craint d'aggraver la situation. Il prépare son projet en secret.

Il est bien obligé de m'expliquer quand je découvre un jour sa valise toute prête sous son lit.

– Tu sais Nina, je dois partir à Berlin faire mon service militaire.

– Ah, super ! Je suis bien contente, ce n'est pas trop loin au moins.

Il y a dans les environs un village qui s'appelle Barlin, j'ai fait l'amalgame ! Alors il sort une carte et me situe la ville allemande. Je suis tellement triste. Je sais que pour lui, il est temps de partir et de se bâtir une autre vie, il le mérite. Mais je sens que pour moi la vie sera encore plus difficile, coincée entre un homme violent et une mère amourachée.

Je laisse partir mon frère en espérant un avenir meilleur, je veux y croire. Et en même temps, je me sens abandonnée à nouveau. Après un père, puis un autre père, maintenant mon frère… Pourquoi est-ce que tout le monde me laisse tomber ? Je n'ai que huit ans, mais la vie m'a déjà fait comprendre que je ne peux pas faire confiance aux hommes.

En 1982, Maman a décidé sans réfléchir de fermer le bar. Au printemps 1983, sur un nouveau coup de tête, elle décide de quitter la région. Elle pense qu'en s'éloignant, tout ira mieux…

Hélène, sa sœur aînée, veuve, habite dans la Drôme. Ses enfants sont déjà grands et partis de la maison, elle accepte de l'aider. Maman s'imagine qu'en recommençant à zéro, loin d'Henri, les soucis seront résolus.

De mon avis elle n'a que faire. Je dois suivre sans broncher. Ma vie est déjà bien bancale et elle me coupe des seules racines qu'il me reste : les amies, Tante Mie, les copines d'école. Elle m'éloigne aussi de mes deux pères bien que ni l'un ni l'autre n'assume son rôle.

Et maintenant le Sud

Je fais mes adieux à l'école. À la petite équipe de filles que j'avais constituée pour « faire la guerre aux garçons » je demande de continuer la mission. Je nomme une de mes cousines, comme chef à ma place, c'est pour moi une façon d'exister encore un peu et de laisser un morceau de moi.

Je distribue plein de bonbons à mes camarades. Je suis triste de quitter le village, la place, le clocher, les petites rues – qu'on appelle les voyettes. Les bonnes odeurs de la cuisine de Tante Mie vont me manquer.

Fin juin 1983, Maman rassemble mes affaires. Elle m'explique que je vais partir en avance, qu'elle a tout organisé. Elle me rejoindra début septembre avec les meubles. C'est mon cousin Jean qui va venir me chercher, le fils d'Hélène. Sur le moment, je ne me soucie guère de ces deux mois que je vais devoir passer loin d'elle. Je suis une enfant, et comme tous les enfants, je vis dans le présent, dans l'insouciance et l'innocence. C'est déplorable que des adultes en profitent…

Mon cousin Jean me conduit donc dans sa petite voiture bleue, une Peugeot 104. Jean est sympa et assez blagueur, mais la route est longue, treize heures de route, je suis assise derrière, à côté de mes peluches et de mes deux cartons.

Je ne me rappelle pas les adieux avec Maman. Peut-être que cela vaut mieux. Mais si je repense à la petite fille que j'étais à l'époque, je ressens de la peine. Voilà une petite fille de neuf ans qui doit quitter ses repères, son pays. Jacques Brel chantait si bien son attachement au « plat pays », dans cette région où le soleil est dans le cœur des gens, à défaut d'être dans le ciel.

Avec Jean j'arrive dans une ville inconnue. Tout me semble étranger. En comparaison avec mon village, la ville me semble immense. Je vois des gens qui courent partout, des bus orange qui encombrent la circulation. J'entends un accent qui me surprend beaucoup. Il y a de quoi paniquer.

Tante Hélène m'accueille, je l'ai bien croisée quelquefois auparavant, mais je ne la connais pas très bien. Au premier regard je redécouvre sa gentillesse. Elle m'emmène chez sa fille, où je vais passer les deux mois d'été en attendant que Maman me rejoigne. Ma cousine est accueillante, elle a deux enfants (quatre ans et deux ans) et garde en plus deux bébés pendant la semaine en tant qu'assistante maternelle. Très vite je vais avoir plaisir à pouponner dès le matin. D'ailleurs, quand j'ai un coup de cafard, je fais des câlins à un des bébés, en le serrant fort contre moi. J'essaie de cacher combien Maman et mon frère me manquent – et même Philomène avec ses surnoms à la noix !

Chez ma cousine j'apprends à jouer au tarot, je me débrouille plutôt bien. On se lance dans des parties interminables et quand minuit sonne, je suis endormie sur le canapé. Un jour Jean fait une blague à un de ses copains. Il l'appelle au téléphone :

– Viens avec nous jouer aux cartes ce soir et je te présenterai ma cousine.

Le copain arrive, il a près de trente ans, il est célibataire. Il se présente avec une bouteille et des fleurs pour la cousine. Quand j'apparais, c'est le fou rire général ! Je me rappelle ce grand dégingandé : ses éclats de rire le font gesticuler dans tous les sens !

Ma famille s'efforce de bien m'accueillir, mais je me sens quand même très dépaysée et un peu perdue. Ici le soleil brille tous les jours. Souvent il tape si fort qu'il faut rentrer. Les gens finissent toutes les phrases avec des « oh, putain ! » et ils ont l'accent du Midi. On se moque de ma manière de parler. Je m'en fiche, mon accent ch'ti est la seule chose qu'il me reste !

L'accent ou le climat, ce n'est pas le plus grave. Mais c'est plutôt la mentalité des gens qui me gêne. Ils me semblent superficiels, matérialistes et trop attachés à l'apparence. Alors j'ai la nostalgie de ma région : les rues avec des maisons de corons toutes simples, de véritables contacts chaleureux avec les voisins, on discute le matin en balayant devant sa porte…

Cet été-là, je tombe amoureuse pour la première fois.

Ma cousine reçoit la visite d'une voisine, qui passe avec son fils qui a mon âge. Il vient discuter avec moi dans ma chambre, alors que je suis assise

au bord du lit avec une poupée. On bavarde tranquillement. Quand sa mère l'appelle pour partir, il voit
mon air triste et me dépose un baiser sur la joue. Un
beau geste tendre. Je tombe amoureuse de lui, je
sens qu'il m'aime aussi. J'ai grandi !

À la fin du mois d'août 1983, avec mon cousin
Jean nous allons chercher Maman à la gare. Je suis
impatiente en attendant le TGV. À quoi ressemblera
Maman ? Comment sera-t-elle habillée, coiffée ?
Elle descend enfin, en tenue estivale, le sourire aux
lèvres. Je lui saute dans les bras, elle en perd l'équilibre. Elle m'a tellement manqué que je la couvre de
baisers !

Je pense aussi à mon frère qui est maintenant à
l'armée, si loin…

Maman ne remarque pas que j'ai changé. Elle
ne voit pas combien j'ai grandi à force de vivre entourée d'adultes. Je suis une petite jeune fille qui
aime prendre des responsabilités, j'aide ma cousine
à s'occuper des bébés qu'elle garde.

Nouvelle école

La rentrée des classes approche. Maman et moi nous installons chez Tante Hélène. Je dis au revoir à ma cousine en la remerciant pour l'été passé chez elle. Nous nous reverrons puisqu'une dizaine de kilomètres seulement nous séparent. J'ai l'esprit un peu apaisé, je ne suis plus exposée aux disputes puisqu'Henri est resté, heureusement, dans le Pas-de-Calais. Ouf ! Je me sens en sécurité dans l'appartement de Tante Hélène. J'aime dessiner tranquillement.

Je suis inscrite en CM1 dans une école privée du centre-ville (car soi-disant l'école du quartier n'a pas bonne réputation). L'idée de prendre seule le bus de ramassage scolaire pour aller dans cette nouvelle école me pétrifie. Maman ne m'explique rien, elle m'emmène le jour de la rentrée à l'arrêt de bus. Quand il approche elle m'embrasse et me pousse à monter. Je me mets à pleurer :

– Pourquoi est-ce que tu ne m'accompagnes pas ?

– Je n'ai pas le temps, Nina. À ce soir !

La voilà déjà partie. Je monte dans le bus et je n'ose pas me retourner, je n'ai pas envie de la voir s'éloigner sans égard pour moi. Mon chagrin est immense. Les larmes coulent sur mes joues, bientôt je suis secouée de sanglots. Je serre fort les pans de mon petit gilet, ct pour oublier ce qu'il vient de se passer je fixe mon regard sur notre chauffeur de bus, une femme avec les cheveux courts, gris, coiffés en brosse.

Le garçon qui est assis à côté de moi essaie de me rassurer :

– Je m'appelle Olivier, et toi ?

Il m'inspire confiance, il a l'air timide et inquiet aussi pour la rentrée. Le bus nous dépose devant la grille de l'école. La maîtresse nous accueille, Olivier est aussi dans ma classe.

Comme d'habitude, on doit se présenter à la classe le jour de la rentrée. Moi je parle de la région d'où je viens. Les filles de la classe semblent intéressées et curieuses. En revanche la maîtresse reste indifférente à ce que je raconte, à mon arrivée d'une autre région.

Dès le premier jour elle nous prend en grippe, Olivier et moi. L'année scolaire s'écoulera lentement. À chaque mauvaise réponse à une question elle me flanque une gifle. Je comprends au fil des semaines qu'elle est dépressive et alcoolique. C'est surtout l'après-midi que son comportement est complètement inapproprié. Ses joues violettes et son haleine la trahissent. Je suis une enfant, mais je sais déjà ce que cela signifie. Comme Olivier, je rentre souvent les joues meurtries à la maison, mais Maman ne remarque rien.

Cette enseignante m'a tellement traumatisée que je ne supporte plus d'entendre la comptine qu'elle nous faisait tout le temps chanter (« *Picotin* »).

Nous vivons toujours chez Tante Hélène ; Maman est à la recherche d'un emploi.

Un vendredi soir, mon frère revient pour une permission. Oh joie ! Il vient me chercher à la sortie de l'école, je lui saute au cou ! Je suis fière, j'espère que mes copines me voient partir avec lui ! Je leur dirai lundi que c'était mon grand frère !

Surtout, je suis heureuse que le temps d'un week-end, nous soyons à nouveau réunis tous les trois comme avant ! La vie est belle, je souris.

Le soir, il me fait faire mes devoirs.

– J'ai mal à la tête, lui dis-je.

– Oh ! Toi tu fais la malade pour ne pas aller à l'école lundi matin ! Mais ce n'est pas la peine de jouer pas la comédie parce que je reste quinze jours avec toi !

– Non, je t'assure que j'ai vraiment mal.

Je ne me rappelle pas bien la suite, sauf que je me suis réveillée dans mon lit avec une forte fièvre. Maman s'est inquiétée, elle a fait venir le médecin qui a diagnostiqué une mononucléose, une maladie virale qui fatigue beaucoup. Pendant plusieurs mois je reste fragile, et pendant trois semaines je suis dispensée d'aller à l'école ! J'échappe ainsi à la méchanceté de la maîtresse et je suis chouchoutée par Maman et mon frère. Le soir en me bordant il chuchote : « ne te découvre pas mon petit canard ». Chaque nuit, il veille sur moi, il me protège. Hélas, il faut qu'il retourne à la caserne, mais il est rassuré que je sois en voie de guérison.

En janvier 1984, pour mon dixième anniversaire, je suis gâtée par Tante Mie et ses enfants. Ils ont tous pensé à moi ! Je n'en reviens pas de tout ce que j'ai reçu : des cartes, des colis et même une petite mallette en osier que j'ai ouverte, émerveillée.

Quand je téléphone à ma tante pour la remercier, je sens à sa voix que je lui manque beaucoup. Je lui dis que si je suis remise, je viendrai passer les deux mois d'été chez eux !

Un peu plus tard, j'ose enfin expliquer à Maman ce que la maîtresse me fait subir à l'école. Stupéfaite, Maman me dit qu'elle va aller lui parler après l'école à seize heures trente. Il se passe encore un mois avant que Maman ne passe à l'action. Mais enfin, elle se décide à aller la trouver :

— Est-ce que vous voulez que je vous en mette, moi, des gifles ? dit-elle à la maîtresse.

La maîtresse ne répond pas, baisse alors les yeux et repart dans sa classe en titubant. Cette discussion marque la fin des brimades et le début de ma meilleure intégration dans la classe.

Bien sûr, je continue à être nostalgique de ma région natale. Je trouve que tout est si différent ici. L'odeur du bois, des marrons, du crachin, je ne les retrouve pas… Ici il fait chaud, je suis incommodée par les effluves de transpiration.

Malgré tout j'essaie de m'intégrer. Dans la cour, je suis toujours assise sur le muret et je regarde les filles s'amuser à la corde ou au ballon. Les filles se moquent de moi en me disant que j'aime Olivier. Elles nous rejettent tous les deux. C'est vrai que nous sommes souvent ensemble. Nous prenons le bus ensemble, il n'habite pas loin de chez moi. Le fait d'être tous les deux souffre-douleur de notre maîtresse nous a rapprochés aussi. Pour moi depuis que Maman a parlé avec la maîtresse, c'est terminé, mais lui continue à subir ça toute l'année. Je me souviens de ses grands yeux noirs qui clignent quand il a peur.

Mais j'aimerais bien me faire des copines aussi. Je me sens comme une petite Ch'ti perdue. Le temps en classe me paraît long, les récréations également.

À la fin de l'année, mes résultats sont moyens et la maîtresse propose un redoublement. Maman s'y oppose. Moi je n'ai qu'une peur : être à nouveau avec cette enseignante ! Finalement je suis acceptée en CM2. Je sais que ce sera très difficile, mais le jeu en vaut la chandelle.

Avant cela, je pars en vacances chez Tante Mie pour deux mois et demi. Je vais reprendre des forces. Je suis heureuse de rejoindre ceux que j'aime, dans le Nord. Je quitte la chaleur étouffante. Maman fait le trajet avec moi, elle se réjouit aussi de retrouver Tante Mie. Elle ne restera pas long-temps, parce qu'elle a trouvé des remplacements et des heures de ménage dans la Drôme. Elle me confie donc à Tante Mie. Je suis si heureuse !

J'arrive frêle et maigrichonne et je repars dodue avec cinq kilos de plus.

– Pour mériter tes repas, il faudra que tu m'aides un peu, me dit ma tante.

Alors je ramasse les haricots verts au jardin, je trie les oignons, j'essuie chaque jour la vaisselle. Mon oncle, mes cousins et cousines travaillent dans la journée. Tante Mie garde aussi deux garçons, je me charge un peu de jouer avec eux. Je m'occupe aussi très volontiers de leur gentille chienne Bella.

Tante Mie qui tricote beaucoup voudrait m'ap-prendre. J'aime l'écouter, me concentrer sur ses explications. Je décide de commencer un ensemble et surtout de le finir. Parfois je perds mes mailles, alors j'appelle ma tante au secours. En un tourne-main elle me répare le méli-mélo avec ses doigts de fée.

Le soir, on se retrouve tous ensemble pour dîner et je suis assise en bout de la table. Je me régale des bons plats que Tante Mie cuisine. Après le dîner, tous installés devant la télé, nous dégustons des glaces.

Cette ambiance calme me fait du bien. Je me repose, je suis gaie, mes nuits sont douces.

Le jeudi matin, avec Philomène, Tante Mie et mes petites cousines, nous partons au marché. Oh comme je suis contente quand ma tante m'achète de nouveaux vêtements ! Mon parrain (un de ses fils) lui donne toujours un peu d'argent pour ça. Il est fier de participer pour sa filleule. Je l'aime beaucoup.

Pendant l'été j'ai même la permission d'aller au cinéma avec Philomène, et au bal du 14 juillet.

À la fin du séjour, en pensant à mon retour dans la Drôme mon cœur se serre. Philomène me console en me permettant de dormir avec elle : on discute jusqu'à minuit ! D'ailleurs la première nuit de mon séjour aussi elle m'accueille dans son lit, on a tellement de choses à se dire !

C'est drôle, ma cousine n'exprime pas ses sentiments, pourtant je ressens son affection, comme celle de mon oncle et ma tante : je sens qu'ils m'aiment beaucoup, même s'ils sont peu démonstratifs. Moi je pleure beaucoup, avant de partir et dans le train du retour…

J'ai dix ans

Septembre 1984, c'est presque la rentrée en CM2. J'ai dix ans et demi, tout le monde me dit que je suis une jolie fille, mais ce n'est pas mon avis. Je mesure un mètre quarante, j'ai les yeux noisette, je porte les cheveux mi-longs châtain foncé. Je souris tout le temps à n'importe qui, aux personnes, aux animaux et même au ciel qui m'aide à croire en la vie et surtout à rêver à un avenir meilleur.

J'appréhende un peu de retourner à l'école parce que je suis passée de justesse dans la classe supérieure. Mais je me rassure en me disant que la maîtresse de cette année ne pourra pas être pire que celle de l'an dernier. En réalité, mes résultats scolaires ne sont pas catastrophiques, c'est plutôt mon manque de concentration qui me joue des tours. Il m'est difficile de bien travailler à l'école parce que mon corps semble dissocié de mon esprit. Je suis assise dans la classe et mon esprit divague continuellement. Mes pensées restent accrochées au passé, à ma vie d'avant dans le Pas-de-Calais.

Le premier jour je retrouve mon ami Olivier.

– Tu ne pleures pas cette année ? me fait-il remarquer.

– Ben non, je ne suis pas toute seule, on se connaît !

Notre maîtresse est grande et douce. Elle choisit de mélanger les filles et les garçons dans la classe.

Mon voisin de table est souriant, il a un an de plus que moi et le type méditerranéen.

La première fois que je suis appelée pour réciter la poésie au bureau de la maîtresse, je n'ose pas m'approcher. Elle me demande de quoi j'ai peur et quand je lui raconte les brimades de l'an dernier, elle n'est malheureusement pas surprise. Tout de suite, elle me rassure. Je me sens en confiance.

Maman est un peu plus disponible, elle est à la maison. Henri est resté dans le Pas-de-Calais, je suis à l'abri de sa violence. Claude de temps en temps me donne de ses nouvelles. Le tableau n'est pas si mal. Bien sûr, la distance qui me sépare de mon frère me chagrine. Mais dans l'ensemble, je me dis que je suis dans de bonnes conditions pour bien travailler à l'école.

Malgré tous mes efforts durant cette année scolaire, je n'atteins pas le niveau pour entrer en sixième. En fin d'année, je suis en train d'effacer le tableau et la maîtresse me dit :

– Tu sais, Nina, il va falloir que tu redoubles.

Je pose la brosse pleine de craie et je hausse mes épaules timidement. Je suis déçue. Ce sera la première fois que je redouble. Dire que dans le Nord je travaillais si bien.

Septembre 1985, je redouble mon CM2. Maman trouve des petits boulots par-ci, par-là. À l'école je me sens encore souvent mise à l'écart par les filles, elles me traitent de « sale nordiste ». Mais je me lie tout de même d'amitié avec Nathalie qui est dans ma classe. Elle a treize ans, elle a déjà redoublé deux fois en primaire. Alors que moi je suis encore petite pour mes onze ans et demi, elle mesure déjà un mètre soixante-cinq, on lui donne au moins quinze ans. Elle n'habite pas très loin de l'école et vit avec sa maman qui s'est remariée avec un homme qui n'est pas son père. Nathalie n'est pas une fille comme les autres et très vite nous nous complétons.

À l'automne, la maîtresse transmet aux parents les inscriptions pour une classe de neige. Elle propose un séjour de deux semaines à la montagne, juste avant les vacances de Noël : avec leçons habituelles le matin et cours de ski l'après-midi. Je m'inquiète pour le paiement de l'inscription. Maman a peu de moyens. Nous vivons toujours chez Tante Hélène. Le montant s'élève à mille francs et couvre le transport, l'hébergement et la nourriture. Maman obtient une bourse pour la moitié, et s'arrange pour financer l'autre moitié. Comme Nathalie vient aussi, je me sens en sécurité.

Le jour du départ, les parents sont là pour dire au revoir à leurs enfants. Cette fois Maman m'accompagne jusqu'à mon siège dans le car, j'en suis agréablement surprise. J'ai un petit pincement au cœur, car c'est le premier séjour que je ferai en dehors de ma famille. Mais je me sens moins anxieuse que lors de mon premier jour d'école ici, deux ans et demi plus tôt. Et je suis contente d'apprendre à skier !

Une fois arrivés sur place, on nous répartit dans des dortoirs de huit, les douches sont sur le palier. Les filles seront au premier étage, les garçons au second. Ils sont d'ailleurs bien plus excités, si bien qu'ils se retrouvent souvent punis. Il y en a même un qui tente de regarder par le trou de la serrure quand les filles prennent leur douche !

Je partage une chambre avec Nathalie et deux camarades dont l'une a pleuré pendant tout le trajet en car. Elle était paniquée de quitter ses parents. La pauvre, elle souffre d'anorexie, alors ce séjour l'angoisse beaucoup. Elle me semble si seule que je la prends un peu sous mon aile : quand je raconte mes histoires, elle retrouve le sourire, ça l'amuse.

Le matin, la salle du petit déjeuner est comble. Je me régale de pain, de confiture. Ensuite nous nous installons dans une petite classe pour travailler jusqu'à midi. De quatorze heures à seize heures trente nous skions. Je suis plus souvent par terre que sur les skis ! L'apprentissage est difficile. Je commence par le ski de fond, mais très vite, je passe au ski de piste.

Nathalie et moi sommes inséparables et ce séjour a un air de vacances. Je me réjouis de recevoir du courrier : deux lettres de Maman, une de mon frère qui m'annonce qu'il a rencontré une fille, qu'il va devenir père et qu'il me choisit comme marraine du bébé !

Quelle joie ! Je partage ces nouvelles à mes amies de chambre et je ne peux plus m'arrêter de raconter des tas de choses sur ma vie d'avant : les frites et les fricadelles, la ducasse, les repas de Noël chez Tante Mie. Mes copines sont captivées et en redemandent ! Je redeviens le boute-en-train que j'étais dans mes premières années de primaire, quand j'avais fédéré une équipe de filles à l'école, pour s'amuser et « faire la guerre aux garçons » ! Mais voilà, les moniteurs n'apprécient pas mes bavardages à une heure tardive, finalement j'écope d'une punition. Les jours qui suivent, je ne dis plus un mot quand nous sommes couchées. Les copines ne m'entendront plus raconter « Les malheurs de Nina ».

Le dernier soir restera dans mes mémoires. La maîtresse a organisé une boum. Nous avons dansé des slows et un garçon a même osé inviter la maîtresse à danser.

Nous repartons la tête remplie de souvenirs, même ma camarade si paniquée d'être loin de ses parents est contente de cette classe de neige.

Moi, pour la première fois de ma vie, j'ai l'impression d'avoir vécu comme une vraie fillette de mon âge. J'ai bien dormi, bien mangé, je me suis dépensé physiquement. Cet état de bien être s'est ressenti sur mes résultats scolaires qui se sont améliorés. Je suis fière de moi. Finalement je considère mon redoublement comme une chance qui m'est donnée de progresser. Je me dis que ma vie n'est pas si mal, et que moi aussi je vais réussir à gravir les échelons.

« L'autre »

À la fin de la classe de neige commenceront les vacances de Noël. Je sais que je partirai rapidement dans le Nord. C'est comme ça depuis que je vis dans la Drôme, je passe tous les congés scolaires chez Tante Mie. Je me réjouis de ces bons moments que je passerai là-bas avec eux. Mais d'abord, je suis contente de retrouver Maman, de lui raconter tout ce que j'ai fait, de lui montrer les photos que la maîtresse a prises. Dès mon arrivée, elle m'annonce :

– Henri viendra bientôt vivre avec nous. Il avait demandé une mutation qui a été acceptée, nous emménagerons tous les trois dans un nouvel appartement en janvier prochain.

J'en ai le souffle coupé. Je ne dis plus rien. Je suis écœurée. Maman fait une énorme bêtise, mais je ne sais pas comment lui faire comprendre. Je me tais.

– Tu sais, on va repartir à zéro tous les deux. Ici, il ne sera plus sous l'emprise de sa famille, ça sera bien mieux, ajoute-t-elle.

Je me mure dans le silence. J'ai la boule au ventre. Je redoute son arrivée. Comment Maman peut-elle à ce point vivre dans l'illusion ?

Je monte dans le train pour regagner le Pas-de-Calais.

Je sais que Tante Mie se fait un plaisir de préparer Noël, de recevoir ses enfants. Dans ma tête je fais le calcul du temps que je passe chez elle, chaque année. Presque autant que dans le Sud, avec toutes les vacances qu'on a.

Nous sommes en décembre 1985 et je vais bientôt souffler douze bougies. Je vais fêter Noël sans Maman, ça ne me gêne pas. Elle sera chez Henri, après tout, c'est son choix ! Moi je me sens bien chez mon oncle et ma Tante Mie. J'aime entrer dans la boulangerie et sentir l'odeur des « coquilles de Noël » à la cassonade, aux raisins de Corinthe.

Le soir du 24 décembre, la grande table est dressée pour la vingtaine que nous sommes. Le sapin est décoré. Minuit sonne, Philomène monte les escaliers pour voir ce que le père Noël nous a apporté. Elle redescend, les bras chargés de cadeaux. Après la distribution, on se met tous à danser. Je sais que je peux m'endormir paisiblement et que tante Mie veille sur moi, même si Maman n'est pas là. À mon frère qui est loin je transmets tout mon amour à travers le ciel étoilé de cette nuit de Noël. Je pense à la chanson de Tino Rossi :

> *« Noël, des enfants oubliés,*
> *Des enfants sans foyer*
> *Endormis dans la neige*
> *Soudain vous vous réveillerez*
> *Joyeux au milieu de tant de lumière*
> *Alors finiront vos misères. »*

En voyant la pauvreté qu'on nous montre à la télévision, je suis très heureuse chez mon oncle et ma tante qui me considèrent comme leur propre fille.

Le retour dans le Sud est douloureux. Je suis une nouvelle fois arrachée à mes racines. Après m'avoir imposé de changer de région, Maman m'impose de vivre avec « l'autre ».

Dès mon arrivée elle s'empresse de me faire visiter le nouvel appartement où nous vivrons. Il est au troisième étage d'un immeuble. « L'autre » se tient dans le salon près du sapin de Noël. Il me tend un paquet que je refuse en disant :

– Je ne veux pas vivre ici. Je vais rester chez Tante Hélène.

Il me montre ma chambre, mais je répète que je ne veux pas vivre ici avec lui. Il finit par déballer lui-même le cadeau. C'est un radio-réveil.

– Ça te fait plaisir ?

Je hausse les épaules. Son cadeau, je m'en fiche. Ce n'est pas comme cela qu'il achètera ma confiance ou mon affection ! Malheureusement, j'ai douze ans, je n'ai pas le choix. Même si je répète que je ne veux pas m'installer dans cet appartement, j'y suis bien obligée.

J'apprécie que Maman ne travaille pas. « L'autre » est conducteur de train, parfois il part deux ou trois jours en déplacement. Tant mieux, car j'ai peur de lui. Quand il est absent, Maman et moi en profitons pour sortir en ville et manger parfois le soir à la cafétéria.

Quand il est là, l'ambiance à la maison se détériore même s'ils se bagarrent moins. L'éloignement de leur famille était un leurre. C'était prévisible.

Mon frère et sa fiancée nous invitent pour leur mariage en région parisienne. Je fais la connaissance de ma belle-sœur. Une fille qui a souffert et qui en est devenue très possessive. Malgré nos différents, je l'aime bien. En revanche j'ai du mal à reconnaître mon frère auquel je suis si attachée. Mais je me fais à l'idée qu'il est devenu un homme. Une certaine distance s'installe entre nous, parce que le courant ne passe pas très bien entre son épouse et moi. De toute façon, les kilomètres aussi nous séparent. C'est compliqué.

Lorsqu'ils viennent nous rendre visite, je leur laisse ma chambre et dors sur un sur un lit d'appoint dans le salon. Ma belle-sœur n'apprécie pas l'attention que mon frère me porte. Dès que je suis sur ses genoux, elle vient nous déranger, puis ils s'enferment des heures entières dans ma chambre. Cette jalousie me peine. Je trouve que mon frère aussi a changé.

Cette année-là, encore, j'attends avec impatience la fin juin : je sais que je retrouverai ceux qui m'aiment vraiment, dans le Nord. Je ne veux pas dire que Maman ne m'aime pas, mais j'ai l'impression d'être une bâtarde, un boulet pour elle. Elle est seule pour m'élever, alors qu'elle s'était imaginé que Claude assumerait sa paternité. Elle pensait le retenir en lui donnant un enfant. La vérité est toute autre. Claude ne s'est jamais intéressé à moi. Il est resté marié à Jeannette et l'amertume de Maman se transforme en agressivité contre moi.

Fin juin 1986, je prépare mes valises pour partir chez Tante Mie. « L'autre » décide de m'emmener la veille de mon départ dans les grands magasins de la ville. Il me choisit quelques vêtements. Je suis surprise de l'attention qu'il me porte tout à coup. Lui d'habitude si radin et égoïste. Cette générosité soudaine ne lui ressemble pas. Et il ajoute :

— Si tu es toujours gentille avec moi, je t'achèterai d'autres vêtements.

Quand nous rentrons à la maison, Maman est contente qu'il se soit occupé de moi. Pour ma part, je ne prête pas tellement attention à cette gentille initiative. Je ne pense qu'à mon été chez ma chère Tante Mie, et à la future naissance qui s'annonce chez mon frère pour mi-septembre.

Comme chaque été, je passe de merveilleux moments qui me ressourcent. J'aime me promener seule, insouciante, dans les ruelles du village. Un plaisir qui m'est interdit dans la Drôme : en pleine ville, il y a trop de circulation…

Les mois d'été chez ma tante passent trop vite. Maman a décidé qu'aux vacances de la Toussaint je ne reviendrai pas, il me faudra donc patienter jusqu'à Noël pour revoir mes chers. Autant dire que mon cœur est lourd dans le train du retour. La bonne nouvelle de la naissance de mon neveu vient heureusement égayer la reprise.

Avant la rentrée, je rencontre Lola qui devient vite ma nouvelle amie. Nous sommes voisines et entrerons en sixième au même collège. Elle me raconte le divorce de ses parents, son nouveau beau-père.

Entre nous la complicité grandit. Même sans nous ressembler physiquement nous formons « la paire » comme des jumelles un peu fusionnelles. On s'amuse bien toutes les deux, on pense aux mêmes choses, on rit pour les mêmes choses, on fait des choses de notre âge et c'est normal. Comme dit le dicton : « il faut que jeunesse se passe ».

Le jour de la rentrée, c'est l'explosion de joie en lisant sur le tableau d'affichage que nous sommes dans la même classe ! Nous nous tombons dans les bras. C'est là que l'aventure commence. Lola devient ma bouffée d'oxygène, mon espérance. Elle sait que je suis malheureuse chez moi, elle a tout compris, même si elle ne m'en parle pas. Alors en classe nous nous défoulons.

À la maison les choses changent. Maman a trouvé quelques heures de ménage, mais c'est toujours le soir. De ce fait elle s'absente et me laisse seule avec « l'autre ».

Il est difficile pour moi d'écrire ce qui suit. Mais il me semble que c'est nécessaire.

Un jour, « l'autre » décide de m'apprendre à conduire. Au volant de sa voiture beige il roule sur des petites routes perdues dans la campagne. Il m'assied sur ses genoux pour que je prenne à mon tour le volant. Je suis contente d'apprendre. Ces leçons de conduite se reproduisent régulièrement. À douze ans, je sais passer les vitesses et j'en suis fière.

Mais un jour, alors que je suis sur ses genoux, il commence à me dire que son « zizi devient dur » (ce sont ses mots). Je suis extrêmement gênée, je deviens toute pâle. Immédiatement je me rassieds à ma place et je le supplie de rentrer. Au lieu de m'écouter, il arrête la voiture, incline son siège et me montre son sexe qu'il sort de son pantalon. Il est gros et c'est la première fois que je découvre cette chose, si sale et si laide. Je suis morte de peur, mes mains tremblent et je regarde par la fenêtre de l'autre côté. Il me prend le bras de force et de sa main si ferme m'oblige à caresser cette chose.

Je suis maladroite. Il m'explique que chaque enfant a un adulte qui l'initie à la sexualité. Il garde sa main sur la mienne. J'essaie plusieurs fois de la retirer, mais ses doigts courts et carrés la maintiennent. Lorsque le liquide sort, j'ai la nausée et j'enlève ma petite main frêle. Il termine seul.

C'est le début d'une longue série d'attouchements.

À chaque fois il me répète que c'est normal, que c'est la vie. Je suis effrayée. J'ai honte de moi et je me mure dans le silence. Lorsque je refuse de le satisfaire, il me fait du chantage :

– Si tu n'es pas gentille, je jetterai ta mère du troisième étage.

Ma mère est la seule personne qu'il me reste. Je ne peux pas imaginer la perdre. Je commence à faire le rapprochement avec les vêtements qu'il m'a achetés. Il s'est montré attentionné pour s'approcher de moi. Aujourd'hui je me pose encore la question : comment le corps d'une fillette de douze ans pas encore formée peut-il lui faire envie ? Pourquoi s'en prendre à moi ? Est- ce qu'il se venge vis-à-vis de Maman en me faisant cela ?

Quand l'apprentissage de la conduite ne lui suffit plus, il décide de m'emmener à la piscine pendant que Maman travaille. Elle, elle est ravie de voir qu'il s'occupe bien de moi. Si elle savait ! En route pour aller à la piscine, tout d'un coup il décrète qu'il y aura trop de monde et qu'on sera plus tranquilles à la rivière. Arrivés au bord de l'eau, il a des pensées macabres.

Il veut pratiquer le nudisme, et bien sûr, je dois adhérer. Il s'empresse d'ôter ses vêtements et de s'allonger comme un lézard au soleil. Il n'est pas tout à fait tranquille, il porte son regard de gauche à droite pour savoir si nous sommes bien seuls. Il remarque sur l'autre rive un couple :

– C'est bon, ils sont loin de nous, me dit-il.

Il y a des rochers et de hautes herbes. Je suis inquiète, j'ai peur de voir un serpent. Ma phobie pour les serpents est née ce jour-là (et ne m'a plus jamais quittée). Je ressens une grande angoisse. Les odeurs de cette scène me restent dans le nez : le sable mouillé, la serviette, lui.

On dirait qu'il devient fou quand il fait beau et que les filles sont en jupes.

J'en ai gardé un dégoût de la saison estivale. Encore aujourd'hui.

Les choix de Maman

L'année de sixième passe lentement, je décroche un peu. Maman est contente de son emploi, mais ignore ce qu'il m'en coûte.

Heureusement, je m'appuie sur ma copine Lola, le soir je vais de temps en temps chez elle jusqu'au retour de Maman. Avec ma nouvelle amie je ris, je me détends. Avec elle je me mets à voler, c'est notre petit secret : une gomme par-ci, un stylo par-là, des sucreries à la pompe à essence. Il faut dire que je suis frustrée que l'on ne m'achète jamais rien. Et la collection de stylos-plumes dans la vitrine du tabac presse me fait vraiment envie !

En classe, notre complicité déplaît aux professeurs, ils nous séparent souvent.

Ma vie avec « l'autre » continue à être un enfer. Il m'inflige ses attouchements en espérant que j'y prendrai goût. Je me sens si seule. Maman part tôt le matin pour ses heures de ménage dans des bureaux, elle rentre tard le soir. Le matin, je suis face à « l'autre ». Tout m'écœure chez lui, jusqu'à la manière dont il tartine ses tranches de pain avec une quantité excessive de confiture. Il mange bruyamment. J'en perds l'appétit. Les bonbons que je vole à la station-service remplacent mes repas.

Mon frère est loin, il est désormais marié et père de famille. Ceux qui me sont si chers dans le Nord sont loin. Et je n'ose pas me confier à Lola, j'ai trop peur qu'elle m'abandonne.

Un de mes professeurs me demande pourquoi j'ai toujours la tête ailleurs. S'il savait ! Il ne comprend pas pourquoi je semble absente quand il parle. Physiquement je suis dans la classe, mais ma tête est ailleurs. Je fuis mentalement, vers ma région natale.

Je pense souvent à la mort. Jusqu'au jour où je décide de me mutiler. Chez mon oncle et ma tante, j'ai trouvé une seringue oubliée par l'infirmière. J'en ai profité pour la dérober. Je veux me faire mal, parce que je suis en colère contre moi-même : je m'en veux de ne pas réussir à crier lorsque « l'autre » pose ses mains sur moi. Alors avec la seringue je m'injecte de l'air dans une veine du bras. Elle devient bleue. Personne n'y fait attention !

Le plus difficile pour moi, c'est lorsque mon frère vient passer une semaine avec sa femme et son fils. Ce n'est plus comme avant. Le dialogue n'est pas possible. Je ne suis plus la même et lui aussi a changé. Il vient nous rendre visite contraint et forcé, alors qu'il désapprouve totalement le couple que Maman forme avec cet homme. Cet homme avec lequel il a déjà eu une violente altercation un jour. Alors que nous étions dans la cuisine, « l'autre » avait été pris d'un accès de colère, s'était mis à tout casser et à insulter notre mère. Maman avait supplié mon frère de la défendre.

– Tu n'es qu'un petit con ! avait lancé mon frère en jetant un regard assassin à « l'autre », qui s'était alors précipité pour lui serrer la gorge de toutes ses forces. Mon frère était devenu bleu.

– Lâche-le ! avait crié Maman, paniquée.

Elle avait fini par saisir le couteau à pain posé sur la table, le pointer vers le ventre de « l'autre » et l'enfoncer. Le sang avait commencé à couler… « l'autre » avait enfin lâché mon frère.

J'aurais préféré que Maman aille au bout de son geste. Le fardeau que je porte encore à ce jour serait moins lourd. Maman a été trop gentille avec lui.

Fin d'année 1986, les boutiques sont éclairées et ça sent les préparatifs de Noël. Comme d'habitude, je vais essayer d'échapper à mon calvaire pendant une dizaine de jours. Cette fois, plutôt que de me laisser faire le trajet en train toute seule, « l'autre » décide de m'accompagner. Assise à côté de lui, je suis écœurée à l'idée de passer quatre heures dans le TGV avec lui. Après la voiture et la rivière, maintenant c'est au tour du train d'être témoin de ses cochonneries.

Il y a peu de monde dans le wagon, je trouve qu'il a un drôle d'air. Probablement pense-t-il que pendant une dizaine de jours, je ne serai pas là pour le satisfaire. Il prend son gros blouson d'hiver et le place sur sa bedaine. Il ouvre son pantalon. Il me demande d'agir avec un sourire narquois. Ma seule pensée : « Nina, tiens le coup, il ne te reste que deux heures à voir sa gueule » !

Lorsque j'arrive chez Tante Mie, elle me fait remarquer que j'ai une sale tête. Elle trouve aussi que j'ai un appétit d'ogre. C'est vrai que chez eux, je me gave parce que je me sens bien. Les cauchemars hantent mes nuits, mais les journées sont gaies et surtout « l'autre » est reparti sans attendre chez les siens, ouf. Un peu de répit.

Ma famille me gâte pour ce Noël encore et j'ai une mine réjouie. Mais j'ai déjà la nausée dès que je pense à mon départ. À peine suis-je rentrée que les bons souvenirs laissent la place aux pensées macabres. Il suffira d'une semaine à peine, pour que reprenne le rituel qui détruit ma jeunesse.

Je me sens comme un arbre déraciné, coupé de la terre. C'est « l'autre » qui m'a coupé de la terre. Je suis cet arbre tout tordu, qui pousse tout de même, mais se nourrit de la haine.

Le jour de mes treize ans en janvier 1987, la journée commence plutôt bien : Maman et « l'autre » ont le sourire et proposent que nous déjeunions ensemble au restaurant. Mais l'abus d'alcool ternit rapidement l'ambiance. Sur le chemin du retour, ils ne s'échangent plus que des reproches. Dans la voiture, derrière, je me bouche les oreilles pour me protéger de leurs hurlements. Je me dis que le pire reste à venir et que les meubles vont encore valser. Nos voisins en ont assez d'entendre les disputes. Mais comme moi, ils n'ont pas d'autre choix que de « faire avec ».

Mes résultats scolaires sont en chute libre. Au moment du conseil de classe, je dois aller rencontrer les professeurs. Comme Maman ne peut pas se libérer, « l'autre » propose de m'accompagner. Il saisit l'occasion de se montrer sous son meilleur jour, et de montrer aux enseignants qu'il s'intéresse à mes études.

Le conseil de classe se déroule bien, mais en arrivant devant mon professeur d'anglais, je suis victime d'un malaise. Je suis obligée de m'asseoir. Ma vision s'altère, je vois des pointillés noir et blanc. Je souffre d'une migraine ophtalmique, pour la première fois. C'est une maladie héréditaire qui me vient de ma famille maternelle. Depuis ce jour, ces symptômes apparaissent deux ou trois fois par an, accompagnés de vomissements. Je dois rester couchée dans le noir. C'est le manque de sommeil, le stress ou la mauvaise alimentation qui déclenchent ces migraines. Plus tard, on me dira que j'ai aussi « la maladie de Gilbert », apparemment liée aux migraines. Les sévices que je subis si souvent perturbent non seulement ma tête, mais aussi mon corps…

Au bout de quelque temps, j'entends parler de mariage. J'ai peine à y croire. Comment peuvent-ils envisager de se marier, alors qu'ils se battent et se disputent constamment ? Cette union serait pour moi la fin du monde !

L'amour rend ma mère aveugle. Je sais trop ce qu'elle ressent pour cet homme et je n'

imagine pas une seconde lui révéler ce qu'il me fait. De toute façon elle mettrait ma parole en doute. Quant à le quitter, pour des raisons financières elle ne pourrait pas. Maman fait ses choix de manière égoïste et me traîne comme un boulet. Ma propre vie, elle ne s'en soucie pas.

Une mascarade

Mon vœu le plus cher serait que Maman loue un petit appartement, rien que pour elle et moi. J'ai besoin de me sentir en sécurité. Je n'ai plus confiance dans les personnes de sexe masculin, en général. Les plus proches de moi m'ont laissée tomber, et « l'autre » abuse de moi.

Le regard des hommes m'effraie de plus en plus, j'appréhende les gestes qu'ils pourraient poser sur moi. Cette peur ne fera que s'accentuer avec les années.

Mais Maman décide d'acheter avec « l'autre » un appartement de cinq pièces, voisin de notre trois-pièces actuel. Tout est fait dans la précipitation, en l'espace de quelques semaines : les cartons, le déménagement, et le mariage ! Il est prévu pour le 14 février 1987. Il sera fêté en tout petit comité. Quelques faire-part sont tout de même imprimés et prêts à être expédiés.

Je déballe mes cartons, je me retrouve dans ce grand appartement avec « l'autre » puisque Maman est souvent absente.

Une nouvelle dispute éclate entre eux un soir. Il la gifle, l'attrape par les cheveux et lui crache à la figure – c'est sa spécialité. Maman jette furieusement la grande enveloppe qui contient les faire-part. Dans ces moments-là, je me mets à l'écart, je me réfugie sur mon lit et je prie de toutes mes forces pour que cela s'arrête. Parfois ça marche. D'autres fois, je m'interpose pour les séparer, mais c'est moi qui prends les coups au lieu de Maman. Mes bras se couvrent de bleus.

Le lendemain matin, comme d'habitude, l'orage est passé. C'est comme s'il ne s'était rien passé. J'ai même le droit de me ridiculiser auprès du concierge, puisque Maman m'a laissé un mot sur la table : « avant l'école, il faut que tu attrapes le concierge ! Va avec lui récupérer les faire-part dans la poubelle au sous-sol » !

Le mariage est fêté dans la simplicité, nous sommes à peine une quinzaine de personnes. Maman a tellement honte qu'elle n'a pas prévenu grand monde. Certains comme mon frère, l'apprendront après coup.

J'ai treize ans et j'associe l'idée de mariage à celle du prince charmant. D'ailleurs, je rêve de former ma propre famille, pour quitter cet enfer. Autant dire que face à cette mascarade, je suis écœurée ! Je dois me contenter de « fermer ma gueule » comme me le répète sans arrêt « l'autre ».

Rapidement, « l'autre » exerce une pression sur Maman pour qu'elle travaille davantage. Pourtant il a de bons revenus. Mais ils ont des comptes bancaires séparés, Maman a besoin d'argent.

– Avec le prêt sur les bras, il faut que tu mettes la main à la pâte !

Elle parvient à décrocher des heures en plus dans une société de nettoyage, mais sur des créneaux horaires très matinaux. Maman à présent sera absente dès cinq heures du matin et le soir entre dix-sept et vingt heures. Elle a l'air contente d'avoir obtenu cela. Évidemment ce changement ne me ravit pas. « L'autre » y trouvera encore plus de liberté pour assouvir ses fantasmes. Il s'organise en fonction des absences de Maman.

À l'aube, j'entends Maman qui se prépare. Quand elle est partie, je sens un calme inquiétant. Je claque des dents. En même temps que je pense à Maman dans la nuit, traversant à pied des quartiers peu fréquentables, je sors discrètement de mon lit, sans allumer la lumière, je me dépêche d'enfiler un jean sale et un gros pull, puis je me recouche. J'espère que ces vêtements me protégeront de « l'autre ». Je prie pour qu'il ne vienne pas. J'ai peur qu'il s'introduise dans ma chambre. Je n'ose même pas écouter de la musique, de peur de ne pas l'entendre arriver.

Quand il entre, il porte un peignoir marron, des chaussettes de tennis. Il s'approche de mon lit, la tête habitée par ses fantasmes. Il me secoue, me parle, je ne réagis pas. Soit il repart en claquant la porte, soit il m'emmène dans sa chambre. Cela se passe toujours dans sa chambre, jamais dans la mienne. Est-ce que mes grosses peluches le dérangent ?

Ses gestes abjects se répètent. J'apprendrai bien plus tard la définition que la loi en donne : attouchements et viol.

Il sait très bien où s'arrêter, pour ne pas éveiller les soupçons de Maman.

Je ne comprends pas. Il aime Maman et pourtant il me fait subir ses ignominies. C'est contradictoire !

Quand on aime un arbre, on aime aussi ses branches, non ?

J'ai dans ma chambre un petit canif dont je me sers pour me scarifier les bras. J'essaie de me faire mal, mais ça n'arrive pas au niveau du mal qu'il me fait. Je me sens salie, je suis victime et pourtant je me sens coupable.

Un jour, mon professeur de français m'interpelle à la fin du cours. Tout le monde part en récréation, je suis debout devant son bureau :

– Nina, je t'ai rendu ta copie. Regarde ta note. Mais qu'est-ce qu'il se passe ? Je ne comprends pas. Dis-moi, est-ce que tu as des problèmes personnels ? Est-ce que ça va à la maison ?

– Oh ! ça va… ma mère travaille beaucoup, le matin et le soir, elle n'est pas souvent là. Et il y a beaucoup de disputes entre elle et mon beau-père. Des histoires de grands.

Je reste très évasive. Je suis reconnaissante que le professeur s'intéresse à moi, mais pas prête à m'épancher davantage. Je file sans en dire plus. Me serais-je confiée davantage à une femme ?

À l'époque, à l'école ou au collège, personne ne nous informait sur la maltraitance. Je pense que les campagnes de prévention ont permis de libérer un peu la parole, d'informer sur l'existence d'un numéro vert pour appeler à l'aide. J'aurais aimé qu'on me tende une perche, et que je me sente suffisamment en confiance pour parler. Je salue d'ailleurs le courage des enfants qui osent le faire. Moi, je n'osais rien dire. Je me suis sentie coupable d'être victime, donc honteuse, c'est le comble !

Au vu de mes difficultés scolaires, quand arrive la fin de l'année, je pense qu'il me faudra redoubler ma sixième. Je n'arrive pas à faire mes devoirs le soir, je vis dans un climat de peur. Mais à l'issue du conseil de classe, les professeurs décident de me faire passer en cinquième. Je crois que c'est mon professeur de français qui a plaidé ma cause. Je suis contente, je resterai dans la classe de ma chère amie Lola.

Été 1987

– Salut Nina ! Oh ! Tu as changé !

C'est un camarade de primaire que je recroise. Il prépare un apprentissage dans le même collège que moi. On se voit plusieurs fois, je l'apprécie. Je sens qu'il tombe amoureux de moi. Il est fils unique, il a été adopté. Ses parents l'aiment et le protègent, pourtant il n'y a pas de lien du sang entre eux. Et moi, je viens des entrailles de ma mère mais elle ne me protège pas.

Nous flirtons gentiment, cela ne va pas plus loin, je sens qu'il me respecte.

Il me demande s'il peut garer sa mobylette dans ma cave. Après avoir demandé l'avis de Maman, je lui donne mon accord. « L'autre » y trouve un prétexte pour me chercher des noises :

– Il paraît que le voisin t'a vu embrasser un garçon dans la cave ?

Je sais très bien qu'il prêche le faux pour savoir le vrai.

– Mais non, tu me fais chier !

Voilà ce que je lui réponds parce que j'ose un peu plus m'affirmer.

Le mois de juin touche à sa fin, je vais pouvoir enfin reprendre mon souffle auprès de Tante Mie qui me manque tellement. Je n'en peux plus de « l'autre ». Je ne supporte plus quand il se tortille sur le tube de l'été « l'amour à la plage ». Cela me dégoûte. Ou quand il s'extasie devant la star Madonna qui passe à la télévision. Maman le rabroue : « Calme-toi ! De toute façon, avec la tête que tu as, elle ne voudra pas de toi ! »

J'arrive dans le Nord, avec la mine défaite, comme à chaque fois. Mes proches, si chaleureux, ne sont pas tellement étonnés. Ils savent les disputes et les bagarres auxquelles j'assiste.

Pour préparer ma rentrée en cinquième, Philomène me fait travailler chaque jour les mathématiques et le français. J'ai treize ans et demi, je suis de plus en plus délurée. Je commence à porter des bracelets à clous, des tenues sombres. Je dors peu. Mais je crains l'autorité de Tante Mie et je me range dès qu'elle me gronde. Philomène et Tante Mie m'entourent de leur affection et de leur générosité – on me donne une quantité de vêtements pour l'hiver. Mais pour parler, c'est plus difficile. Dans ma famille du Nord, ce sont des « taiseux ».

Cet été-là, je revois à la fois Claude et Rémy.

Dans ma famille du Nord, tout le monde est au courant que Claude est mon père biologique. Maman et moi avons son numéro de téléphone professionnel et une adresse pour lui écrire en poste restante.

Je ne garde pas un bon souvenir de cette rencontre dans un bar, bien évidemment à l'insu de son épouse. L'heure passe lentement, nous n'avons rien à nous dire. Je n'arrive pas à l'appeler « Papa ». Je le trouve bel homme avec des origines italiennes, j'ai du mal à penser qu'il est réellement mon géniteur. Il ne m'apporte rien. Cette rencontre ne fait qu'accroître mon sentiment d'abandon !

Quant à Rémy, il n'habite pas loin de Tante Mie. C'est lui qui prend l'initiative de nous inviter à déjeuner chez lui, Tante Mie et moi. Je le revois pour la première fois depuis 1978. Il s'est remarié mais n'a pas eu d'autres enfants. À mon arrivée, il manifeste sa joie, et son épouse ne me rejette pas. Je suis heureuse de partager un repas avec eux. Mais les yeux de Rémy trahissent sa tristesse. Un sentiment mêlé : la joie de ma naissance en 1974 puis l'horrible nouvelle à peine un an après, je ne suis pas sa fille.

Ces deux rencontres me laissent perplexe et soulèvent une question : lequel est vraiment mon père ? Le doute reste immense. Je partage mes questions avec Nounou, la meilleure amie de Maman à laquelle je rends visite pendant chaque séjour estival dans le Nord. Elle non plus ne sait pas me dire quel est mon véritable père. Je repars dans le Sud la tête pleine de questions !

Et maintenant, Lola ?

Dès la rentrée, Lola et moi sommes si contentes de nous retrouver que nous bavardons sans arrêt. Les professeurs nous séparent vite. Celui de français, le même que l'année précédente, m'encourage autant qu'il peut, par son attitude. Sa femme est très gentille. Ils n'ont pas d'enfants. J'ai même le privilège de recevoir de leur part un panier de friandises pour Noël ! Il me vient des envies de devenir leur fille adoptive !

À la maison, les disputes quotidiennes – pour des broutilles – me font vivre un enfer.

Maman se rend compte que mes avant-bras sont couverts de plaques d'eczéma. Elle m'emmène consulter un dermatologue.

– Est-ce que votre fille a une personne dans son entourage qui lui fait peur ?

– Son beau-père est sévère, répond-elle.

Je repars avec une ordonnance pour une pommade à appliquer deux fois par jour. Maman n'a pas compris qu'il faut qu'elle quitte « l'autre ». Je vais lui faire comprendre !

Mon année de cinquième ne se déroule pas mieux que la sixième, car « l'autre » me harcèle dès que je refuse de le satisfaire.

Lola a pris l'habitude de passer me chercher à l'appartement pour qu'on fasse le chemin ensemble jusqu'au collège. Elle sonne à sept heures trente. Un jour, je suis dans ma chambre en train de boucler mon sac au dos. Je l'entends sonner à la porte et entrer, puis je n'entends plus rien. Lorsque je viens à sa rencontre, elle m'entraîne précipitamment dehors. Elle commence à pleurer. Elle me raconte que dès qu'elle est entrée, « l'autre » a violemment pris sa main et l'a mise sous son affreux peignoir marron sous lequel il ne portait rien. Je suis décontenancée. Le fait qu'il s'attaque à mon amie décuple ma colère. Je console Lola comme je peux : « à partir de maintenant, ne monte plus. Moi je viens te chercher chez toi, ne t'inquiète pas, sèche tes larmes ». Sur le chemin, Lola ne me demande pas s'il agit de la même manière avec moi. C'est tant mieux, je ne veux pas perdre mon amie…

Moi, le matin au réveil, je dois passer devant la salle de bain pour atteindre la cuisine. Il se tient nu devant le lavabo, la porte grande ouverte. Il pense que cela me fait fantasmer, il est fou ! Alors je prends mon sac et je sors rapidement de l'appartement. Sur les marches de l'entrée de l'immeuble, j'attends Lola qui s'étonne que je sois déjà là.

Rien ne va pour moi. Mes problèmes d'eczéma ne s'arrangent pas. Maman rentre fatiguée de son travail et mon frère est loin de moi. Qui va bien pouvoir venir m'aider ? Qui ? Ma tante Hélène ? Elle vit désormais une bonne partie de l'année chez son ami en Ardèche.

L'été de mes quatorze ans

Janvier 1988, je vais avoir quatorze ans, mais cela n'a pas grande importance pour les autres qui ne me fêtent jamais mes anniversaires. Si d'aventure je suis invitée à l'extérieur, j'y vais de bon cœur. Mais en dehors de ça, je ne souhaite qu'une chose : mourir. Je pense à sauter du balcon. Je ne vois que cette issue pour faire cesser ma tristesse et l'emprise de ce pervers.

Les semaines passent, jusqu'à la fin de l'année scolaire. À la réception du bulletin du troisième trimestre, je comprends que je n'échapperai pas au redoublement. Je suis triste de décevoir mon professeur de français qui avait misé sur moi. Il m'avait demandé de travailler dur. J'ai fait ce que j'ai pu, mais je vis dans l'insécurité : je sursaute au moindre bruit, au moindre geste. Comment étudier sereinement dans ces conditions ? On me reproche d'être la tête dans les nuages… Peut-être est-ce la seule façon (inconsciente) pour moi de m'évader de la sordide réalité ?

Je suis navrée de perdre Lola qui ira en quatrième. Ses résultats ne sont guère meilleurs que les miens, mais le corps enseignant a sans doute jugé bon de nous séparer vraiment.

« L'autre » a décidé de changer de voiture et d'acheter d'occasion la grosse Mercedes d'un ami.

Ce véhicule de luxe le fait rêver et Maman n'a pas son mot à dire. En tous cas, pendant qu'il bichonne son nouveau joujou, il s'intéresse – un moment – un peu moins à moi, c'est déjà ça !

Avec cette voiture il veut se donner un genre. Je m'empresse d'arracher le sigle en métal sur le devant du capot pour me venger. J'agis discrètement et je jubile quand il croit qu'il a été arraché sur un parking !

Une autre fois je chauffe l'allume-cigare et je fais des marques sur le cuir à l'intérieur de la voiture. Peu attentif, il ne le remarque pas tout de suite…

C'est à bord de sa Mercedes, son « bateau » blanc, qu'il nous emmène Maman et moi au camping de Saint-Aygulf à la fin de l'été 1988. Nous retrouverons sa famille qui y séjourne. Maman imagine qu'en présence des autres, il saura un peu mieux se comporter.

Arrivés à destination, nous descendons de la grosse Mercedes dans une chaleur étouffante. Heureusement, le camping se trouve en bord de mer. Je viens pour la première fois dans cette région. Je ne connais que la mer du Nord, avec ses marées.

Les parents de « l'autre » ne m'inspirent pas confiance non plus. Sa mère est une femme vulgaire qui passe son temps à toucher son propre fils. Elle va jusqu'à lui presser parfois les testicules ! Quant au père, il me met mal à l'aise dès mon arrivée, il me déshabille du regard en demandant mon âge à Maman. « Tel père, tel fils »…

Il est prévu que nous restions quatre jours. Je dormirai dans une petite tente d'une place. Les autres dans une caravane.

Les femmes sont au service des hommes : préparation des repas, vaisselle.

L'ambiance est encore plus tendue qu'à la maison. Mais je m'échappe en passant des moments sympathiques avec une bande de jeunes. On se réunit à la plage, le soir, assis sur les pédalos. Maman me laisse profiter un peu. Je suis presque contente d'être là.

Jusqu'à ce que, soudainement, après une violente dispute, Maman m'ordonne de prendre mes affaires. Devant tout le monde, sans rien comprendre, j'obéis. Nous voilà toutes les deux dans les rues de Saint-Aygulf, avec notre valise. Maman est en pleurs. Elle vient de tout plaquer.

À une dame que nous croisons Maman demande de nous indiquer un hôtel.

— Vous êtes sûre qu'avec votre ami il n'y a pas moyen de vous réconcilier ? insiste la dame.

Maman pleure encore plus, et moi je suis prise de terribles douleurs au ventre.

On s'installe dans un hôtel trois étoiles. La chambre dispose de deux lits d'une place, et d'un grand balcon avec vue sur la mer.

— Oh ! Si on pouvait rester une semaine ici ! Ce serait le paradis, non ? me dit-elle, légèrement soulagée.

Moi je suis inquiète de ce qu'il va nous arriver à présent. Quand elle descend au bar de l'hôtel et m'invite à l'y accompagner, je préfère rester dans la chambre. Et si « l'autre » était en bas ?

Le lendemain, Maman et moi rentrons à la maison. La Mercedes est garée sur le parking. La panique me gagne, je ne veux pas monter, mais Maman m'y oblige. Il est là, la mine défaite. Maman lui tend le chéquier – à son nom à lui – avec lequel elle a réglé la note d'hôtel. En jetant un œil sur le montant il devient fou furieux, mais, à ma grande surprise, cette fois-là il ne frappe pas Maman. Mes premières vacances au bord de la Méditerranée auraient pu être agréables, elles sont bel et bien gâchées.

Ce même été, il vient à « l'autre » une idée : aller au bord de la rivière et y faire un barbecue. Il fait très beau dehors et la journée s'annonce caniculaire. Mais j'ignore si c'est ce qui le met de bonne humeur ce matin-là. Une fois sur place, dans un endroit désert, il installe les serviettes pour nous trois. « On va tous faire de l'intégrale ! » dit-il. C'est peut-être ça qui le mettait en joie ?

Il demande à Maman de quitter son maillot. Elle n'adhère pas du tout et garde sa culotte de bain. Lui, il s'empresse de faire le fou dans la rivière, en gardant son maillot au début, en l'enlevant ensuite tout en explosant de rire comme un gamin. Il se prend pour Tarzan : du haut d'un rocher il se jette dans l'eau froide. Je souhaite qu'il chute et se blesse violemment. Quelle déception lorsqu'il sort de l'eau sain et sauf.

À midi, il prépare le feu et le barbecue, il est tout fier. L'après-midi, je m'ennuie à mourir. Maman savoure les rayons du soleil sur sa peau et s'endort, épuisée de sa semaine de travail. Il en profite pour me demander d'enlever mon maillot, un ensemble rose, deux pièces. Je refuse malgré son insistance. Il a trouvé un endroit isolé, le bord d'une rivière, avec des rochers. On pourrait toujours appeler au secours, on n'entendrait que notre écho…

Comme il m'est difficile de parler aujourd'hui de ce douloureux passage de ma vie.

Je n'ai que quatorze ans, mais à mon regard et ma gestuelle on pourrait croire que j'en ai vingt-cinq. Cela fait déjà trois ans, trente-six mois, que l'on m'a poussée dans un monde d'adultes, un monde brutal dans lequel je suis manipulée. Dans les moments malheureux, les mois s'étirent comme des années, j'ai la sensation de vivre au ralenti.

Certains pourraient me faire la remarque : « mais pourquoi n'as-tu rien dit ? »

Crier ? Fuguer ? Parler ? Mais à QUI ?

Alors cette question me fait mal. Je ne veux plus l'entendre. Je ne sais pas comment expliquer l'inexplicable… mes yeux se troublent de larmes et je me heurte à un mur d'incompréhension. Même ceux qui compatissent ont du mal à comprendre. Sans parler de ceux qui pensent : « elle l'a bien cherché, elle était coquette, elle se croyait belle. »

Ruptures

À la rentrée de 1988, je redouble la cinquième. J'ai beaucoup de chagrin de voir mon amie Lola s'éloigner. Elle s'est fait une nouvelle amie qui lui a demandé de m'oublier un peu. Lola ne m'adresse plus la parole quand nous nous croisons dans la cour, elle se contente de baisser la tête ou d'afficher un sourire narquois. Mon cœur saigne, j'ai très mal et verse beaucoup de larmes.

Maman est si fatiguée que le médecin lui prescrit un arrêt maladie. Elle ne s'absente plus de la maison. Elle en profite pour téléphoner à mon frère. Elle prend du recul et fait le bilan de sa vie avec cet homme. Elle apprend qu'il la trompe. Va-t-elle envisager une séparation alors que son maigre salaire ne suffira pas à nous faire vivre ?

Très souvent, Maman me confie à sa sœur Hélène pour le soir et la nuit. Je me sens à l'abri chez elle, mes nuits sont douces. J'apprécie le bon petit déjeuner qu'elle me prépare avant le départ au collège, qui est juste à côté. Souvent Maman vient dîner avec nous. Quand elle repart ensuite à l'appartement, seule, je m'imagine toujours le pire : qu'ils se disputent violemment, qu'il la jette du troisième étage, qu'il se venge sur elle parce que je ne suis plus là pour le satisfaire.

Il n'y a qu'entre midi et deux heures que je rentre à l'appartement, la peur au ventre, je crains de croiser « l'autre ».

Un jour, l'appartement est vide quand je passe la porte. Mais le morceau de viande cramée au fond de la poêle me laisse penser qu'il s'est simplement absenté pour une course. Je guette depuis la fenêtre de la cuisine, jusqu'à ce que sa grosse voiture blanche se gare sur le parking.

Lorsqu'il entre dans l'appartement, il titube et se jette dans mes bras en pleurant. La peur me paralyse, je ne sais ni quoi dire ni quoi faire. « Je suis désolé, je ne te ferai plus de mal… », déclare-t-il, avec un air que je ne lui connais pas, celui d'un beau-père tendre et protecteur qui protège son enfant.

L'instant me paraît long, je ne sens plus mon cœur battre. « L'autre » tente de me convaincre que je peux avoir confiance en lui. Il lui faut cet instant de soûlographie pour se rendre compte que pendant trois ans, il a abusé de moi, de mon corps, de ma jeunesse, de toute ma vie.

Je ne sais pas s'il joue la comédie ou s'il est véritablement malade. Je ne comprends pas. Est-ce qu'un ami a tenté de le raisonner ?

Il est vrai qu'à partir de là, il ne m'a plus embêtée. Mais il se trompe en imaginant que ses excuses suffiront à faire de moi une adolescente comme les autres. Croit-il vraiment que tout rentrera instantanément dans l'ordre pour moi ?

Des décennies ont passé depuis ce jour, mais je me pose toujours autant de questions et je ressens une grande culpabilité.

Automne 1988. Maman et moi regardons la télévision pendant que « l'autre » déménage ses affaires dans une autre pièce pour faire chambre à part. Sa chambre sent l'humidité et la moisissure, il ne l'aère jamais. Le ménage n'y est pas fait. Quant au linge, c'est sa copine qui se charge des lessives de monsieur.

Voilà, le mariage est raté. Après dix-huit mois seulement ! Maman doit repartir à zéro sans cet homme qui l'a complètement détruite. Elle n'essaie même pas de retenir celui qui s'est tourné vers une autre.

Un soir, Maman et moi sommes à table devant un bol de soupe. Le verrou de la porte grince et nous fait poser en même temps nos couverts. Mon ventre me fait souffrir. Il revient, c'est un cauchemar ! Nous étions si bien sans lui. Il est chargé et se dirige droit vers sa chambre. Maman se lève et je la suis, elle ouvre la porte de ce taudis. « L'autre » vient de ramener toutes les affaires qu'il avait emportées chez sa maîtresse. Il est maintenant recroquevillé sur son lit, enveloppé dans son peignoir marron avec ses chaussettes de tennis. Il tient un mouchoir à la main. Non, nous ne rêvons pas. Lui, le monstre, le dur, pleure comme une fontaine !

Sa bien gentille maîtresse vient de le mettre dehors pour coups et blessures. Tiens ?! La roue tourne !

Je veux enfin croire à un avenir meilleur ! J'y crois dur comme fer. Je me remets à chanter, à prendre soin de mon visage, à redevenir une adolescente comme les autres, à me maquiller les yeux.

Ce qui n'est pas normal, c'est qu'il quitte le domicile conjugal et revient quand il veut ! Alors Maman se renseigne au sujet de la procédure de divorce.

Tante Hélène insiste pour que nous déménagions au plus vite et elle indique un appartement de trois pièces qui se libère à proximité.

Maman fait les démarches en vue de la location, d'autres personnes sont intéressées également. Après une longue attente, nous nous voyons attribuer ce logement, grâce à l'aide d'Hélène qui se porte garant – merci à elle –, le nombre d'heures de travail de Maman ne suffisaient pas pour le dossier.

Le déménagement est prévu pour le 9 janvier 1989. Le nouvel appartement sera plus petit, sans balcon, mais suffisant pour nous deux.

Je sens combien Maman est réticente à tourner la page de cette relation qui dure depuis plus de huit ans. Moi au contraire, je suis pressée de préparer mes cartons ! J'ai l'impression de vivre une deuxième naissance, je sors à la patinoire le samedi après-midi et je trouve la vie très belle, je chante.

Certes, lorsqu'on remet les clés à Maman, on voit tout ce qu'il y a à faire, mais peu importe ! Comme dans mes rêves, nous serons à nouveau rien que toutes les deux. Une fois encore, Tante Hélène nous propose de nous aider pour le grand ménage du nouveau logement laissé dans un sale état. Il nous faudra plusieurs week-ends et de l'huile de coude ! Hélène nous rejoint, affublée d'une vieille tunique pour un nettoyage énergique : on frotte les vitres et les sols dans un joyeux fou rire et en chantant !

Maman promet de retapisser les murs marron de ma chambre en bleu quand elle en aura les moyens. Pour l'instant elle repart à zéro. Son contrat de travail viendra à terme en août 1989, mais elle fait un petit crédit sur sa maigre paye pour commander l'essentiel : un réfrigérateur, une gazinière, un canapé, une télévision.

Pour la première fois, je renonce à passer Noël et le Jour de l'An dans le Nord et décide de rester avec Maman. Les fêtes sont bien tristes, mais je me réjouis de quitter dans peu de temps l'appartement froid et lugubre.

Le jour J, une amie de Maman vient nous aider en mettant à disposition son grand break pour transporter nos affaires. Maman ferme les derniers cartons quand « l'autre » arrive à l'appartement. Il ne supporte pas la solitude – d'ailleurs il finira seul, malgré ses nombreuses conquêtes.

– Tu veux que j'aille vous chercher à boire ? demande-t-il, larmoyant.

Il a la tête baissée, je passe à côté de lui en affichant un sourire et en pensant « à ton tour de pleurer, moi j'ai assez donné» !

Il s'empresse de ramener de la supérette d'à côté des boissons pour tout le monde. Maman semble touchée, elle pleure aussi. Je suis bien la seule à être pressée de m'installer dans notre nouvel appartement.

Une fois que nous y sommes, je me sens protégée par l'interphone en bas de l'immeuble. Savoir qu'il ne franchira plus la porte me rassure.

Maman et moi retrouvons très vite les soirées paisibles et le sommeil réparateur. Nous faisons de vraies cures de sommeil ! Que c'est bon de garder mon pyjama jusqu'au matin sans devoir enfiler mon jean sale et mon gros pull à l'aube ! Le matin je passe une bonne demi-heure à la salle de bain et je prends soin de mon apparence.

Je m'aperçois que Maman a du mal à vivre sans lui, elle le revoit de temps en temps. Elle l'a dans la peau ! Jusqu'à ce qu'elle l'aperçoive au volant de sa voiture, accompagné d'une femme. Elle décide alors de l'oublier.

Moi je suis heureuse d'avoir quitté le lieu dont toutes les pièces me rappelaient de mauvais souvenirs. Des images à jamais gravées dans mon esprit…

Lui dans son peignoir marron.

Lui nu, devant le lavabo.

Le silence du petit matin.

Mon jean sale dans mes draps propres.

Francis Cabrel dans sa chanson « Encore et Encore » décrit ce que je ressentais dans cet appartement : « *Tu te retrouves seule assise par terre, à bondir à chaque bruit de portière. Et ça continue encore et encore* ».

Il chantait aussi : « *Je n'avais pas vu que tu portais des chaînes, à trop te regarder, j'en oubliai les miennes…* » (dans la chanson « L'encre de tes yeux ».). En ce début de l'année 1989, j'ai eu l'impression que Maman serait débarrassée de ses chaînes, et que moi, je pourrais oublier les miennes…

Mais je porte toujours ces années dramatiques comme un poids. Il ne faut pas être psychologue mais simplement observateur pour remarquer la tristesse dans mon regard sur les photos de mon enfance. Mon visage n'est plus le même avant et après mes douze ans.

Quinze ans

Maman et moi retrouvons une certaine liberté.

Maman devient une femme indépendante, qui décide seule de ses achats et pense ce qu'elle veut. Elle travaille à nouveau en contrat précaire, en équipe, une semaine sur deux – le matin ou l'après-midi.

Elle m'invite au dancing, à une sortie entre filles avec ses amies et Tante Hélène. Une bonne soirée qu'elle voudra renouveler, me dit-elle.

Du haut de mes quinze ans, j'essaie de m'en sortir du mieux que je peux. Je me lâche comme on dit ! Je pique surtout d'énormes fous rires, ce qui ne m'arrivait jamais auparavant.

Je commence à prendre conscience des actes que j'ai subis, mais je me dis que l'important, c'est d'être sortie des griffes du monstre. Je regarde droit devant comme une jeune fille de mon âge et décide que jamais le passé ne me rattrapera.

Mais c'est au-delà de mes forces ! Je ne suis pas rassurée quand je rentre du collège, seule, pendant que Maman est à l'usine. Sur le trajet je me mets à avoir peur de tout, du bruit, du noir. « L'autre » me hante comme un fantôme. J'imagine qu'il me regarde par la fenêtre de notre appartement situé au rez-de-chaussée. Je ferme donc les volets dès que je rentre, qu'il fasse jour ou nuit !

Un jour à l'heure du déjeuner, Maman est au travail et on sonne à l'interphone. Je vais répondre :

– Oui, qui est-ce ?

– C'est le courrier !

Je le reconnais, il ose venir m'embêter !

– Non, je ne t'ouvre pas.

– Mais Nina, je veux simplement t'apporter du courrier.

Je résiste. Heureusement qu'on a un interphone ! Il repart bredouille, mais moi j'ai l'impression que ce monstre traversera les murs et que rien ni personne ne me protégera de lui, même dans ce nouvel appartement que nous avons embelli avec tant d'ardeur.

Dès que je sors seule de chez moi j'ai la peur au ventre. Je sais qu'il habite encore dans notre ancien logement, à deux cents mètres.

Les beaux jours

Maman décide de prendre quelques jours de vacances au printemps 1989 et nous partons dans le Nord pour la traditionnelle « cavalcade », la tournée dans la nombreuse famille. Quelques jours qui nous font du bien.

Claude, mon père biologique nous propose d'aller boire un verre ensemble tous les trois avec Maman. Dans sa jolie voiture noire il nous amène dans un bar comme à son habitude. Je n'arrive toujours pas à l'appeler « Papa ». Il me tend un chèque, je réponds : « Merci, Claude ».

Je suis une adolescente sans autre repère que ma maman.

Elle tente d'établir une complicité avec moi. Elle ne se soucie guère de mes journées ni de mes fréquentations, elle me fait une totale confiance. Pourtant, les risques sont bien réels. Mon histoire tumultueuse aurait pu m'entraîner dans la consommation de la drogue qui circule au collège… mais je ne veux pas abîmer ma santé.

Une seule chose m'intéresse : les bébés. Les petits enfants font mon bonheur. J'aime leur innocence. Dès que possible je fais du baby-sitting.

L'année scolaire touche à sa fin, je prends la décision de quitter ce collège si mal fréquenté et d'intégrer un établissement réputé du centre-ville pour mon entrée en quatrième. Il me semble que je pourrais mieux travailler en changeant d'établissement. On me donne le choix entre une quatrième classique ou technologique. Je choisis la filière technologique. Le trajet me coûtera quinze minutes de bus de ville au lieu de cinq minutes à pied, mais après tout, il s'agit de mon avenir.

Fin juin, mes valises sont bouclées, je pars pour trois semaines dans le Nord où je passe des vacances superbes, ponctuées de sorties. J'aime surtout m'occuper des journées entières de ma petite cousine âgée de six mois. Elle est si belle, brune, avec ses grands yeux noirs. C'est la première fois de ma vie que je suis si épanouie pendant ma saison estivale ! Je vis un été extraordinaire.

À l'issue des trois semaines Philomène m'accompagne pour une semaine de vacances chez moi ! Bien qu'âgée de vingt-cinq ans (tout en paraissant dix-huit), elle semble moins autonome que moi ! Elle est plus sage que moi, qui suis très dégourdie, par la force des choses. Elle a entendu parler des violences que j'ai subies, mais n'en connaît pas les détails. Elle sait que les coups pleuvaient entre Maman et « l'autre », et qu'en m'interposant j'en prenais aussi.

À notre arrivée, Maman nous annonce que son contrat n'a pas été reconduit. Elle est triste, elle pleure. Je comprends son inquiétude. Il va bien falloir qu'on se débrouille toutes les deux. J'essaie de la réconforter :

– Ne t'en fais pas Maman, l'année prochaine j'aurai l'âge de travailler pendant les vacances scolaires. Et Tante Hélène n'est pas loin, nous pourrons toujours compter sur elle. Elle nous aidera.

Philomène et moi essayons de lui faire oublier la mauvaise nouvelle et pendant toute la semaine nous nous efforçons de détendre l'atmosphère. Je suis heureuse de partager ma chambre avec ma cousine, de passer du bon temps, de sortir.

Maman décide de nous emmener danser le samedi, avec une amie et sa fille. Je me rappelle ce 22 juillet 1989, parce que c'est un passage important de ma vie, déterminant pour mon avenir.

Nous avons envie de nous défouler, et nous nous en donnons à cœur joie sur la piste de danse. Maman s'amuse avec un ami très bon danseur, ils font le tour de la piste comme Fred Astaire et Ginger Rogers.

Une bande de jeunes viennent nous chercher pour danser. Un jeune homme brun, très timide, de taille moyenne, m'invite pour un slow. Pendant tout le morceau – qui me paraît interminable – je sens ses muscles m'entourer fermement comme s'il voulait déjà me protéger. Je lui demande comment il s'appelle : Brice.

J'ai la certitude qu'il deviendra une personne importante dans ma vie. Sera-t-il le père de mes futurs enfants ? À quinze ans cette sensation que je n'ai jamais vécue m'impressionne beaucoup. Lui tombe sous mon charme. Pourtant je donne plutôt l'image d'une jeune fille triste et paumée, mais c'est sûrement ce qui l'attire !

Philomène a dansé avec un jeune homme, aussi bavard que « le mien » est timide ! Ces deux garçons nous invitent à leur table, nous y allons en toute confiance puisque Maman garde un œil sur nous. En sortant, nous nous retrouvons dehors et j'interroge Brice sur son âge.

– Vingt et un ans, et toi ?

– Seize ans.

Je triche un peu… je n'ai que quinze ans et demi. Je sens que ce garçon est fou de moi. Il m'embrasse, au clair de lune. Sur un petit bout de papier je note le numéro de téléphone de son domicile.

J'ai rencontré mon premier amour, j'en suis tout émoustillée.

Le lendemain matin, Maman a mal à la tête. Nous, nous sommes guillerettes. La soirée était si superbe et notre rencontre étincelante, je n'ai même pas eu ce sentiment de culpabilité après m'être laissée embrasser par ce jeune homme. Philomène qui n'a pas demandé le numéro de téléphone du garçon me supplie de contacter Brice !

– Ah non, ça ne se fait pas d'appeler un garçon.

– Allez Nina, s'il te plaît, insiste-t-elle.

Je cède à son caprice. Elle a vingt-cinq ans, mais on dirait qu'elle vit son premier amour ! Elle aime ce garçon ! Lui est tout le contraire de Brice : grand, portant une petite moustache et aimant danser. Il est originaire du « Ch' Nord » comme nous !

On passe le dimanche après-midi ensemble tous les quatre. Puis on se revoit le lundi, le mardi, le mercredi… bref, tous les jours ! Maman me confie à Philomène. Avec ses dix ans de plus que moi elle joue le rôle de chaperon.

Je suis très curieuse et pose beaucoup de questions à Brice, sur sa famille, sa vie, son travail. J'ai une grande soif de tout connaître sur lui, il ne me laisse pas indifférent. Mais je sais aussi qu'à quinze ans et demi, j'ai le temps de voir venir les choses.

Nous nous amusons à faire des photomatons à la gare et nous sommes déjà très attachés l'un à l'autre.

À la fin de la semaine, Philomène est triste de repartir dans le Nord et de s'éloigner de celui qui a trouvé comment lui parler, l'écouter, l'aimer. C'est si important pour elle. Philomène aussi est complexée, elle se considère comme différente et n'aime pas son physique, elle est pourtant si belle. Je sais qu'elle n'oubliera jamais cet amour de vacances. Je la réconforte autant que je peux.

C'est chouette la vie !

Fin août 1989, par une belle journée d'été, un dimanche, Brice est invité à déjeuner chez nous. Maman se réjouit pour moi, elle a cuisiné une jardinière de légumes. Brice a prévu de me présenter à ses parents, nous irons chez lui dans l'après-midi. D'abord, nous faisons un détour pour voir un match au terrain de foot, c'est sa passion !

Lorsque nous arrivons chez lui, la famille est installée sur la terrasse. Le regard de sa maman ne trompe pas, elle est enchantée de faire ma connaissance. Très vite je prends dans mes bras la petite nièce qui est là, encore bébé. Le soir, la maman insiste pour que je reste dîner chez eux. Brice me jette un regard malicieux quand elle pose sur la table une jardinière de légumes !

Je me sens accueillie très chaleureusement dans cette famille, même si j'accroche un peu moins avec le papa.

C'est la première fois que Brice invite une fille à la maison. Par timidité, il a tardé à parler de moi à sa maman. Un soir il a simplement posé une photo de moi sur la soupière. Le lendemain matin, sa maman l'a questionné :

– Qui est cette belle jeune fille ?

– C'est ma copine, Nina, a-t-il répondu timidement.

Septembre 1989. Je viens d'entrer en classe de quatrième au lycée technique. L'établissement ne ressemble pas à celui où j'étais en sixième et cinquième. Il est mieux fréquenté, il y a davantage de rigueur et de surveillance. C'est un grand moment, je vais commencer l'apprentissage informatique. Je suis bien partie cette fois et rien ne m'empêchera de bien travailler : « l'autre » c'est du passé et Maman est à la maison – puisqu'elle n'a plus de travail.

Je fais la connaissance d'une fille originaire d'Ardèche, Chloé, très douce et gentille. Nous sympathisons rapidement. Elle est issue d'une grande famille qui travaille la terre.

Parfois, pendant une heure de permission, nous faisons un tour en ville. Je suis un peu effrontée, mais elle se laisse bercer par mes délires, on s'amuse sagement. Je fume des cigarettes à la menthe et ça me fait tourner la tête. Je suis heureuse d'avoir retrouvé une amie, car Lola a bien changé, elle habite pourtant juste en face de chez moi, mais elle ne m'adresse plus la parole.

Plus tard j'ai pris conscience de ma tendance à être possessive et exclusive dans mes liens d'amitié. Je suis susceptible.

Alors que je suis au collège, Brice a vingt-et-un ans, il est déjà dans la vie active. Je reçois ses jolies lettres tendres, amoureuses, il exprime combien il est attiré par moi.

Avec lui aussi, je ressens de la jalousie dès qu'il porte son regard sur quelqu'un d'autre, ou qu'il discute avec ses proches. J'ai le sentiment d'être abandonnée. Je souffre beaucoup de cette sensibilité à fleur de peau. Je me demande si je vais un jour en guérir et pourquoi je suis comme ça ?

Même si Brice ne s'exprime pas beaucoup à ce sujet, je sais que pour ceux que j'aime, ce n'est pas simple. Mais je l'aime énormément. J'imagine que le temps arrangera les choses ; que lorsque nous serons mariés et que nous aurons des enfants, j'aurai une totale confiance en lui, je ne serai plus jalouse.

Brice ne me pose aucune question sur mon passé, sur ce que j'ai vécu avant notre rencontre. Nous sommes ensemble depuis deux mois, je sens qu'il a envie d'aller plus loin avec moi. Je décide de lui partager ce que j'ai vécu – sans entrer dans les détails. Il me semble important de dire un mot des sévices que j'ai subis. Ils peuvent expliquer mes maladresses. Je lui redis tout mon amour. Il m'écoute sans beaucoup d'attention, sans manifester de surprise ; et il ne fait rien pour me rassurer. Pourtant, en mon for intérieur, j'espère qu'il me poussera à porter plainte contre « l'autre ».

Le 30 septembre 1989, pour la première fois je passe la nuit chez lui, dans les bras de ce jeune homme, pudique et discret. Notre premier rapport ne se passe pas comme dans mes rêves, mais ce n'est pas grave.

J'ai retrouvé un équilibre, je suis bien intégrée dans ma classe et mon bulletin trimestriel est très bon même si je ne suis pas fière d'avoir redoublé deux fois...

Maman ne s'attendait pas à mes bons résultats. En récompense elle me fait cadeau d'un joli peignoir bleu en éponge. M'offrir des cadeaux n'est pas habituel pour elle, je suis très agréablement surprise. En revanche, Maman s'inquiète de ma relation avec Brice. Elle craint que je ne me désintéresse de ma scolarité. Mais je lui promets de lui prouver le contraire, elle m'accorde sa confiance.

Après des missions en intérim Brice décide de s'inscrire en stage pour une formation d'électrotechnicien à l'AFPA. L'établissement est proche de chez nous, mais trop loin de chez ses parents pour faire le trajet tous les jours. Il pourrait être hébergé au foyer de l'AFPA, mais sa maman voudrait lui éviter la compagnie de gens moins sérieux. Elle prend l'initiative de demander à Maman s'il pourrait vivre chez nous, en pension en quelque sorte.

Maman est perplexe. Nous en discutons ensemble. Après mure réflexion, elle décide de faire un essai. Elle est toujours à la recherche d'un emploi. L'indemnité confortable que prévoit de donner la famille de Brice pèse dans la balance.

Nous commençons une vie tous les trois. Ce n'est pas évident pour Brice, surtout avec Maman qui est parfois très agressive. Elle noie sa solitude dans l'alcool.

Brice est un garçon qui évite les conflits, il se tait. J'aimerais qu'il s'affirme davantage. Quand je lui en fais la remarque il me répond « j'aimerais avoir ton caractère » ! Moi, j'ai dû me murer dans le silence pendant si longtemps que maintenant je dis plus facilement ce que je pense. Le problème c'est que je ne sais pas encore dire les choses calmement, mes propos sont souvent agressifs.

Janvier 1990, Maman décide de fêter mes seize ans. Pour Brice – à qui j'avais fait croire que je les avais déjà – c'est la surprise ! C'est notre écart d'âge qui avait motivé ce petit arrangement avec les dates. Le jour de mon anniversaire, j'ai invité quelques amies à la maison et Maman a préparé un bon repas. J'ai été tellement touchée par les cadeaux qui m'ont été offerts si gentiment, que je ne savais pas comment réagir. J'ai reçu de la porcelaine, une parure de drap. Brice m'a offert une bague en argent avec trois anneaux et une lampe de chevet pour remplacer celle de « Maya l'abeille » que j'avais encore.

Brice a toujours été attentionné et généreux. Il n'a cessé de me refaire une garde-robe, il savait que je portais souvent des vêtements donnés par d'autres et que Maman n'avait que de maigres revenus.

Du haut de mes seize ans, je prévois de travailler pendant les vacances scolaires. Maman me déconseille de commencer avant ma majorité. Mais je me rends malgré tout à la station-service qui est près de chez nous. Je sollicite un entretien avec le patron. J'ai le sourire aux lèvres quand je rentre à la maison : « Maman, je vais travailler pendant dix jours pendant les vacances de février ! ». Maman est contente et surprise à la fois ! Heureusement que je n'ai pas écouté ses conseils.

Je projette d'économiser pour financer mon permis de conduire à mes dix-huit ans. Même si Maman me dit que j'aurai toute la vie pour le passer le permis. À la station-service je découvre le monde du travail. Je sers à la caisse, je fais de la mise en rayon et je débloque les compteurs des pompes à essence. Je travaille le matin (six heures à quatorze heures) ou l'après-midi (quatorze heures à vingt-deux heures).

Mon chef est content de moi, il décide de me reprendre tout le mois de juillet. Victoire !

Printemps 1990, cela fait quelques mois que nous vivons à trois, Maman, Brice et moi. Tout va bien, je vais passer en troisième avec un très bon bulletin. Maman comprend de plus en plus que c'était « l'autre » qui perturbait mes résultats scolaires. Je vis cela comme une renaissance et une victoire, j'ai l'impression de réussir tout ce que j'entreprends. Brice et moi faisons même des projets pour l'été, nous espérons partir quelques jours à la mer.

C'est chouette la vie !

La chance me sourit

Maman a retrouvé des petits boulots dans la restauration, même si cela reste précaire.

Brice et moi fêtons en amoureux le premier anniversaire de notre relation. Malgré mon jeune âge, je lui déclare qu'il est l'amour de ma vie. Notre amour est réciproque et sincère. Brice ne cherche pas à savoir si c'est bon pour moi de m'engager tout de suite, car il est très amoureux aussi.

Nous ne formons qu'un, à l'image des siamois. Il ne fait rien sans moi et vice-versa, il passe son temps à me rassurer.

Nous partons quelques jours en vacances à Toulon pendant l'été 1990. Être tous les deux au soleil au bord de la mer, manger des glaces : il ne nous en faut pas plus pour être heureux. Nous avons déniché un petit hôtel pas trop cher, et dormons aussi une nuit dans notre voiture. En quelques mois avec Brice, j'ai pris cinq kilos. Comme je suis bien avec lui et qu'il s'arrange pour que je mange à ma faim, je grossis un peu.

Au retour de nos vacances, nous annonçons à nos parents nos fiançailles. Elles sont fêtées le 23 septembre 1990, nous sommes entourés de nos amis et de notre famille, une belle journée. Je reçois même une composition florale accompagnée d'un mot : « Avec vous par la pensée, Claude ». Mes

yeux sont rougis par l'émotion, j'aurais aimé lire :
« ma fille chérie tu me manques, je t'aime, Papa ».

Quant à Rémy, il n'a pas gardé contact avec moi. Je suis malheureuse de ne pas avoir eu de père, lui est malheureux d'avoir perdu sa fille. Il était présent quand j'ai poussé mon premier cri, il a couru chez sa cousine pour annoncer qu'il était papa d'une belle petite fille. Fausse joie, je ne suis rien pour lui, je ne suis que la bâtarde. Il s'est remarié et voit de temps en temps mon frère avec ses enfants. Mais je sais qu'à chaque fête de fin d'année, je suis dans son cœur. Il l'a dit à Tante Mie. Et le jour de mes fiançailles, comme à chaque évènement de ma vie, je sens sa présence, cachée tout au fond de mon cœur, je respire ses pensées.

Début 1991, je vais bientôt avoir dix-sept ans, les projets se bousculent dans ma tête. J'ai des ambitions et je sens que tout ce que je veux entreprendre va réussir. C'est l'année de mon brevet – le BEPC – et j'espère l'obtenir pour poursuivre en section secrétariat en seconde.

Depuis que je connais Brice, je me sens mieux et je ne rêve que d'une chose, vivre en appartement avec lui et sans Maman. Même si elle me répète que nous pouvons vivre avec elle encore longtemps.

Brice et moi avons le projet de nous marier dans trois ans. Le quotidien est difficile avec Maman qui est toujours aussi impulsive. J'en ai assez de prendre ses problèmes pour les miens. Elle se repose sur moi constamment et manifeste beaucoup d'agressivité. Son comportement avec moi n'est pas normal. Dès que je passe du temps seule avec Brice, elle devient jalouse. Elle n'a toujours pas de stabilité, ni affective ni professionnelle – elle est demandeuse d'emploi et assure quelques extras en restauration. Elle boit un peu trop à mon goût. Le matin, elle est serviable et gentille, mais l'après-midi c'est l'enfer. Ses yeux me font l'effet de deux pistolets, ses joues sont violettes.

D'ailleurs, la mère de Brice me fait remarquer que Maman parle de moi toujours en négatif, alors qu'elle porte mon frère aux nues. C'est vrai qu'il a réussi, il est policier, il a de beaux enfants. Il habite loin parce qu'il a préféré prendre ses distances avec Maman et avec ce qu'ils avaient vécu dans le Nord.

Alors je me dis qu'il est temps de bâtir ma vie. Oui, je suis très jeune, mais avec tout ce que j'ai déjà traversé, j'ai l'impression d'être beaucoup plus âgée que je ne le suis !

Ma belle réussite à l'examen du BEPC m'ouvre les portes de la classe de seconde « secrétariat en Brevet d'études professionnelles » (pour un cursus de deux ans). Pour moi qui ne pensais pas accéder un jour au BEP, c'est une victoire ! J'ai beaucoup travaillé et Brice m'a bien souvent aidée le soir. Tout en étant jeunes et vivant ensemble, nous sommes très sérieux. Ce n'est pas sur Maman que j'aurais pu compter pour me motiver, loin de là !

À la suite de mon succès à l'examen, je décide d'emmener Brice dans ma famille et ma région d'origine. Nous partons en vacances pour trois semaines chez Philomène qui vit avec son futur mari. L'accueil et la gentillesse des gens du Nord surprennent Brice. Il s'intègre très facilement et je lui fais découvrir les bonnes choses de notre région.

En septembre 1991 je remporte le ticket gagnant d'une tombola gratuite ! Un bon d'une valeur de huit cents francs pour apprendre et passer le code de la route. Je suis tout étonnée ! C'est Brice qui avait rempli le ticket pour moi. « Ce n'est pas la peine, de toute façon je n'ai jamais de chance » lui avais-je dit. Je remarque que la roue tourne ces derniers temps et je retrouve le sourire. Je confie à Brice qu'il est mon étoile et qu'il m'a sauvée de l'enfer.

J'ai juste pris des kilos superflus tellement je suis heureuse avec lui. Il me prouve chaque jour qu'il m'aime et je lui répète : « je n'oublierai jamais tout ce que tu fais pour moi et un jour, je te le rendrai » !

Je célèbre une nouvelle réussite lorsque j'obtiens mon code de la route dès le premier essai. Je n'ai fait que deux fautes ! Maman est très étonnée et s'aperçoit que je suis vraiment une battante. Je découvre la vie, la vraie – sans les sévices. Même s'ils restent présents dans un coin de ma tête, ils ne m'empêchent pas d'avancer.

Je reste très sensible et la musique et les chansons tendres me font facilement monter les larmes aux yeux, je repense à ce que j'ai vécu. À ceux qui m'ont conçue mais n'ont jamais veillé à me protéger. À cette mère qui n'assume pas son rôle, à ce père qui s'occupe de ses trois autres enfants mais pas de moi, et à Rémy. Je l'ai une fois au téléphone, il est bien triste. Il m'apprend qu'il souffre d'un cancer de la gorge. Le fait que je ne sois pas réellement sa fille ne change rien à l'amour qu'il me porte, me dit-il.

Automne 1991, cette année la scolarité est plus difficile. Brice me soutient le soir pour les devoirs. J'ai gardé le contact avec mon amie Chloé qui est en CAP de vente. Nous nous apprécions beaucoup et je lui confie qu'un jour je la choisirai comme marraine d'un de mes enfants.

La mission d'intérimaire de Brice s'achève. Il cherche du travail tout en s'occupant et bricolant dans l'appartement, mais Maman est là aussi, pour lui ce n'est pas facile.

Inquiète, la mère de Brice feuillette chaque jour le journal et en octobre déniche une offre d'emploi intéressante : « cherche électromécaniciens ». Elle pousse son fils à poser sa candidature. Je l'accompagne à la session de tests qu'il doit passer. J'attends sagement – quelques heures – dans la voiture. C'est une grande usine qui recrute dix personnes parmi les cent candidats qui se sont présentés.

Il faudra attendre la réponse sous une dizaine de jours. Ce serait une opportunité, mais le poste est basé dans l'Ain, à une centaine de kilomètres de nos familles respectives. Je me dis que je pourrais le suivre.

Cette attente tracasse Brice, il est silencieux. Je commence à bien le connaître, je sais quand il ne va pas bien. Il est un peu distant. Je lui reproche parfois de n'être pas très câlin ou démonstratif avec moi. « Nina, tu m'en demandes trop ! » répond-il en souriant. C'est vrai que je suis assez exigeante, je suis pénible à lui demander souvent plus que ce qu'il peut me donner. J'aimerais changer…

Fin octobre, Brice est reçu premier sur cent aux tests d'embauche, je suis fière de lui ! Il hésite. C'est la première fois qu'il se retrouverait loin des siens. « Nina, si tu ne me suis pas, je n'y vais pas ».

Une décision difficile pour moi ! Je me plais bien au lycée, je travaille sérieusement et j'ai de bons résultats, je suis bien partie pour obtenir mon BEP.

Je ne réfléchis pas trop. Pour la première fois, je fonce. J'ai quelques copines qui me manqueront, mais pas d'attachement particulier pour cette ville.

Mais je n'ai que dix-sept ans et neuf mois, donc je ne suis pas encore majeure. Je demande à Maman de m'accompagner au lycée et d'expliquer ma démission. Maman s'efface devant ma décision et elle ne cherche pas à m'en dissuader. Le proviseur me propose de continuer dans la nouvelle région. (En fait, une fois là-bas je n'aurai pas les moyens de racheter les livres de leçons, finalement je ne pourrai pas reprendre les cours.)

La recherche de logement est compliquée. La maman de Brice nous achète quelques meubles pour notre futur appartement. Nous faisons des demandes un peu partout et finalement nous trouvons un appartement de deux pièces à dix-huit kilomètres de son travail. On en rêvé, on va avoir un appartement rien que pour nous deux !

« Puisque tu rêves d'un petit chien, Nina, on va en prendre un avant d'emménager » ! On trouve rapidement un caniche nain abricot (comme dans mes rêves). C'est une femelle de deux mois et demi, toute petite, mais avec une si belle frimousse. Ah ! Si je l'avais eue du temps de « l'autre », j'aurais pu lui confier toutes mes peines, elle m'aurait écouté sans me juger. Elle m'aurait aussi protégée quand il faisait irruption dans ma chambre…

Quel nom lui donner ? J'aimerais bien « Choupette », mais c'est l'année de la lettre G, alors je choisis de l'appeler « Galipette ». Je suis aux anges, Brice achète un petit panier, un collier, une laisse. « Pince-moi ! Je rêve ! Moi qui voulais tant avoir un chien ! »

Nous emménageons mi-novembre 1991 et fêtons le réveillon du 31 décembre tranquillement dans notre petit chez nous, comme nous sommes bien ensemble ! Nous sommes faits l'un pour l'autre.

Le mariage est prévu pour le 25 juillet 1992, il sera célébré dans le village natal de Brice. Ma belle-mère veut tout organiser. Je ne cache pas mon désir de me marier dans mon village, dans le Nord, mais ça lui paraît trop loin. Je n'ai que dix-huit ans et pas la force de lui tenir tête.

Je suis un peu embêtée de ne pas participer financièrement à nos dépenses. Je prépare un dossier pour devenir assistante maternelle. Et nous cherchons un appartement plus grand, plus approprié pour que je puisse exercer. À cause de mon âge, ma demande est refusée. Je ne baisse pas les bras et je fais appel. J'ai bien raison puisque la deuxième fois, le dossier est accepté !

Au printemps, les préparatifs du mariage m'occupent bien pendant que Brice est au travail. En parallèle, nous nous préparons à déménager fin mai dans un quatre-pièces que l'office HLM nous propose. Il n'est pas idéal, mais nous n'avons guère le choix.

Que de bouleversements pour notre nouvelle vie à deux. (Je devrais dire à trois puisque notre petite chienne Galipette fait entièrement partie de notre vie.) Pourtant, je n'ai pas l'impression de précipiter les choses. Brice aura vingt-quatre ans en juin et il aspire autant que moi à une vie stable.

Maintenant que nous sommes bien installés, je peux garder des enfants. Cela me plaît de travailler à domicile et je suis heureuse avec Brice. Le mariage se passe très bien. Philomène et Tante Hélène sont venues m'entourer. C'est au bras de mon frère que j'arrive à l'église, il ne cache pas sa fierté. Maman est accompagnée d'un homme qu'elle a rencontré quelques mois plus tôt. Pour une fois c'est quelqu'un de bien. Elle est heureuse et me fait le cadeau émouvant de chanter un « *Ave Maria* » dans l'église.

Donner la vie

Nous sommes mariés, nous avons tous les deux un travail, il ne me manque plus qu'une chose pour me combler, un enfant.

Le rêve se réalise quand notre fille vient au monde le 25 mai 1993. Je suis bouleversée par la naissance de notre enfant, notre jolie petite fille brune aux grands yeux noirs. Je lui fais la promesse de lui donner une vie remplie d'amour et de complicité.

Cet enfant me donne l'envie de me battre et elle me fait oublier toute mon enfance. Je ne pense plus à « l'autre » et aux moments malheureux du passé. Je décide d'avancer et de regarder droit devant même si parfois, j'ai quelques moments de blues comme tout le monde.

Trois ans plus tard, le 27 septembre 1996 c'est notre fils qui vient agrandir la famille, nous sommes vraiment ravis de ce que la vie nous offre.

Brice est heureux, il a un travail qui lui plaît et la sécurité de l'emploi.

En ce qui me concerne, je jongle entre mes enfants et ceux que je garde. Je suis la plus jeune assistante maternelle du département !

Je m'inscris au modern-jazz et j'aime beaucoup les sensations que la danse me procure. Je me sens plus légère au sens propre comme au figuré !

Un nouveau projet nous occupe : nous passons de nombreuses soirées à faire des plans de financements et l'esquisse de notre future maison. Oui, nous nous lançons dans la construction de notre maison. Nous prenons des risques, mais je m'aperçois qu'une vie sans risque n'est pas intéressante.

Notre maison sort de terre au printemps 1997, nous pourrons nous y installer à l'automne. La famille nous entoure et met la main à la pâte. Nous sommes heureux. À vingt-deux ans, je vais vivre dans ma maison, quel bonheur ! Elle nous ressemble : petite et chaleureuse. Je passe du temps à la décorer à mon goût, parfois avec des couleurs un peu tristes – le passé me poursuit.

Brice a beaucoup de qualités, il m'aide beaucoup et les enfants ont un vrai papa qui s'en occupe aussi bien que moi. Nos enfants sont gentils. Heureusement, ils ne sont pas livrés à eux-mêmes comme moi à leur âge.

Malgré tout j'aspire à sortir moi aussi de mes quatre murs. Je fais part à Brice de mon envie de changer d'emploi. Il est réticent, car les enfants sont encore petits. Alors en parallèle de mon quotidien déjà chargé d'assistante maternelle et de mère de deux enfants en bas âge, je travaille quelques heures par-ci par-là en restauration. Des extras qui me permettent de sortir un peu de la maison.

Brice est toujours partant pour avoir trois enfants, comme nous nous l'étions toujours dit. La naissance de notre deuxième fils le 16 août 1999 nous comble de joie.

Pas si simple

Sans que je lui demande quoi que ce soit, notre fille devient spontanément une petite maman protectrice pour ses deux frères. Elle est sage. Je crois qu'elle a compris toute mon enfance sans que je lui en fasse part. Nous sommes très complices toutes les deux. Cela me change de ce que j'ai connu avec ma mère. Comme je crains qu'il ne lui arrive la même chose qu'à moi, je décide dès son plus jeune âge, de lui expliquer ce que sont les pédophiles et les pervers. Avec des mots d'enfant bien entendu, pour ne pas la choquer.

À la naissance de notre troisième enfant, je suis frappée par une dépression post-natale, le passé me rattrape à toute vitesse. J'ai vingt-cinq ans et depuis mes quinze ans, il s'est passé tellement de choses ! Tout est allé si vite. Je me rends compte que j'ai toujours tout précipité dans ma vie de femme.

Je suis si mal que je consulte une psychologue. J'évoque les sévices que j'ai subis. Elle insiste sur le fait que j'ai été une victime, alors que moi je ressens de la culpabilité. Je contacte même une association d'aide aux victimes. On m'explique la procédure si je veux déposer une plainte contre « l'autre ». Ce serait de longues démarches (trois ans minimum), un procès, des déplacements fréquents pour moi. Je suis désemparée à l'idée de devoir tout raconter dans les détails. Je décide de laisser tomber et d'aller de l'avant et je suis déjà fort bien occupée avec mes enfants. À ce moment-là, je sens que Brice ne m'apporte pas le soutien que j'attends pour cette démarche.

Brice est toujours d'accord avec tout, nos achats, mes idées, mes envies, mais n'exprime pas son propre avis. J'ai l'impression parfois de me retrouver au foyer avec quatre enfants au lieu de trois. Pour l'éducation des enfants aussi, il est pacifique et compte sur moi pour l'autorité.

Je rêve d'un voyage en amoureux, cela me ferait vraiment du bien. Jeunes mariés, nos maigres moyens ne nous ont pas permis d'entreprendre un voyage de noces. Ensuite notre temps libre et nos salaires ont été orientés vers la construction et l'aménagement de notre jolie maison. Mais j'éprouve le besoin de m'évader avec mon mari, maintenant que les enfants sont un peu plus grands. Il m'a promis de m'emmener en Italie, mais le fera-t-il un jour ?

En 2000, Brice a quelques soucis de santé et je passe mon temps à veiller sur lui, car je l'aime énormément. Nos onze années ensemble nous ont rendus fusionnels. Il paraît que ce n'est pas bon. Qu'un jour on s'étouffe à force de tout faire ensemble. Peu importe, on s'aime si fort qu'on se moque de ce que disent les autres.

Je conserve mon activité sportive deux fois par semaine (modern-jazz, zumba, step) qui me permet d'avoir quelques amies. Je commence à prendre un peu plus soin de moi. Je dis adieux à mes kilos superflus. (J'avais pris dix-huit kilos pour chacune de mes grossesses, je reviens à cinquante-huit kilos pour une taille d'un mètre cinquante-cinq.)

Je change ma couleur de cheveux et je redeviens plus coquette. Je décide d'être une vraie femme. Je suis passée tellement vite d'adolescente à maman. D'ailleurs, lorsque je sors faire mes courses ou conduire les enfants à l'école, je vois que certains hommes me remarquent. Quand je demande à Brice si je suis une jolie jeune femme, il répond que je suis « quelconque ». Je reste perplexe. Il ne cherche pas à me mettre en valeur et je ne le comprends pas.

Bousculée

Fin 2001, le décès de Rémy me bouleverse et n'arrange rien à ma dépression.

Durant toutes ces années, j'ai gardé de très bons contacts avec lui et il était fier d'afficher dans son salon la photo de mes enfants. Après le décès de sa seconde femme il a souffert de solitude, il s'est mis à boire et à fumer trois paquets par jour. C'est un cancer de la langue et de la gorge qui l'a emporté.

Je me pose la question d'assister aux funérailles d'un père qui n'est pas vraiment le mien. Il m'a donné son nom et versé à Maman une pension alimentaire jusqu'à ma majorité, alors que je n'étais pas sa fille. Un an avant son décès, Rémy m'avait signalé que je figurais sur son testament et que ma part serait égale à celle de mon frère. Je vis un grand moment de doute, l'argent n'est pas le plus important, même si Brice et moi avons des revenus modestes et que je tiens mes comptes rigoureusement.

Mon frère, que cette disparition laisse démuni, insiste pour que je sois présente aux funérailles. Il accepte volontiers la proposition de Maman d'y assister elle aussi pour le soutenir moralement. Moi j'ai fait comme si j'enterrais mon propre père, un « faux » père, mais un père quand même.

Le décès de Rémy me fait prendre conscience que c'est lui qui méritait mon amour plus que

Claude, dont Maman espérait encore son retour : « tu verras quand son dernier enfant aura dix-huit ans, Claude reviendra ! », me répétait-elle. Elle était bien naïve…

Avant qu'on recouvre de terre le cercueil de Rémy, nous avons lancé mon frère et moi une rose sur le bois froid. J'ai décidé à cet instant que je me ferai tatouer sur l'épaule droite une rose à la mémoire Rémy.

La période qui suit est compliquée. J'attends de Brice un soutien qui ne vient pas. M'ayant toujours connue sans père, il ne comprend pas ma réaction face au décès de Rémy. Brice reste discret, un peu distant. Il pense beaucoup, mais pas à moi ni à ma souffrance.

Étonnée de la part d'héritage qui me revient, je m'empresse de placer la somme sans trop vouloir y toucher. Cela amène du changement, mais pas dans le bon sens. Brice est plus matérialiste que moi. Finalement nous décidons d'agrandir notre maison et de partir enfin en voyage, rien qu'à deux. Nous savourerons d'autant plus ces moments que nous fêterons nos dix ans de mariage, ce sera comme un voyage de noces. Avant de partir, je me dis que ce séjour en Andalousie sera déterminant.

Les paysages sont magnifiques, mais malheureusement le vide se creuse entre Brice et moi. Je me rends compte que nous n'avons, hélas, plus rien à nous dire.

De retour chez nous, je sens une distance. Quand nous sommes dans la rue avec les enfants, il se tient un peu à l'écart de moi. « Salut mon frère », lui dis-je pour lui faire remarquer combien nos relations ont changé. « Salut ma sœur », me répond-il avec un grand sourire…

J'ai du mal à comprendre. D'autant plus que je suis généreuse, je lui fais plaisir avec des cadeaux et nous changeons même notre voiture.

J'ai vingt-huit ans, notre petit dernier a trois ans. Je me mets à la recherche d'un travail, un mi-temps pour pouvoir concilier enfants et travail. Brice ne s'y oppose pas, pourvu que je sois à la maison lorsqu'il rentre.

De plus en plus, Brice passe des heures sur l'ordinateur. Quand les enfants sont couchés, il regarde le football à la télé. Heureusement je garde toujours mes loisirs : je pratique la gymnastique deux fois par semaine (j'ai arrêté la danse dont les horaires étaient moins pratiques).

Je m'approche de mes trente ans pourtant j'ai l'impression de vivre comme une vieille. Oui, je suis mariée, j'ai trois enfants, une maison, une voiture neuve et de l'argent de côté. Cela pourrait paraître idyllique. Mais je ressens une grande solitude. Que je me sente seule lorsque la maison est vide et que Brice est au travail, passe encore. Mais même dans notre intimité je me sens seule. Nous n'arrivons plus à nous aimer. Cette lueur du premier regard n'y est plus. Je sais que le sexe n'est pas le plus important dans la vie, mais si nos enfants sont nés, c'est parce que nous nous aimions. Les gens qui s'aiment font l'amour régulièrement.

Je ressens un abandon terrible, je me sens mal dans ma peau. Je ne parviens pas à absorber de la nourriture. Je bascule dans l'anorexie et perds sept kilos en quinze jours. Brice me voit pleurer beaucoup. Le matin, secouée de nausées et penchée sur les toilettes. Il me voit plongée dans des crises de larmes. Je suis clouée au lit avec une crise de spasmophilie le jour de la fête des mères. Mais mon mari ne me pose aucune question.

En parallèle, je prépare la communion de notre fille. Ma belle-famille s'étonne de ma métamorphose. J'ai changé de couleur de cheveux, j'ai perdu beaucoup de poids… Et je ne suis plus la jeune fille manipulable et discrète. Avant, je parlais si doucement qu'on me le reprochait. La violence de mon enfance m'avait habituée à me taire, ou à chuchoter plus qu'à parler, même si la colère grondait en moi. Désormais je commence à m'affirmer.

Un appel téléphonique amène un changement déterminant. On me propose un contrat de travail de trois mois à mi-temps, à la mairie. J'essaie de me refaire une santé. Je trouve une nourrice pour les enfants, c'est la voisine. Elle a deux enfants en bas âge. Elle est gentille, mais un peu bizarre aussi.

Je travaille dix-sept heures par semaine. Je suis pleine d'ambition, mais ma santé est bien faible. J'espère que cela donnera un nouvel équilibre à notre couple, mais non. Brice est de plus en plus distant.

L'été 2003, je reçois Philomène, son mari et ses enfants. Nous enchaînons les mésaventures : un de nos enfants manque de se noyer, nous avons un accident de voiture, …

Une sacrée découverte

C'est à cette époque que je rencontre à plusieurs reprises des gens qui me disent :

– Madame, vous avez un don !

– Ah bon ? Un don de quoi ?

– Un don d'écouter les gens, de les rassurer, de les soigner…

Depuis ma petite enfance, je sens que les gens viennent vers moi pour se confier et que j'attire toutes sortes de personnes, bébés, enfants, dames âgées. Je rencontre un médecin avec lequel je passe des journées à apprendre des méthodes de relaxation. Je ne lui dis rien, il devine mon blocage, il me parle d'une personne masculine qui m'a détruite. Je n'en reviens pas de ce qu'il a senti.

Cette année-là, alors que je consulte un bio-énergéticien pour soigner otites ou autres maladies des enfants, le praticien me déclare : « madame, vous ne le savez sans doute pas mais vous aussi vous avez un don ».

Je suis surprise mais des souvenirs d'enfance me reviennent en mémoire. « Je fais comme mon oncle Jules » disait Maman lorsque j'avais des poussées de fièvre : elle posait la main sur mon front et disait la « prière du feu » et effectivement, j'étais guérie. Jules, un oncle de ma mère, était magnétiseur. Il avait été souvent sollicité pour prodiguer ses soins dans la famille bien sûr, mais aussi par le CHU de Lille pour soulager les grands brûlés, c'est dire s'il était reconnu. Maman aussi avait souvent bénéficié de ses soins étant enfant. Elle a reçu ce don, et sans doute me l'a-t-elle transmis.

En 2003, je suis donc les indications de ce bio-énergéticien pour tester mes dons. Effectivement, je prends conscience de quelque chose en moi capable de « couper le feu ». Je commence à pratiquer d'abord au sein de ma famille. Un jour où Brice se brûle au second degré, j e parviens à retirer le feu de son bras, il n'en garde aucune trace. Une autre fois, je fais disparaître en quelques jours les plaques d'eczéma sur le bras de ma belle-mère : j'ai juste posé mes mains et expliqué le rituel à suivre pendant trois jours.

En 2004 je suis une formation de reiki (pour apprendre à me protéger des mauvaises énergies des personnes que je soigne). Puis je me mets à prodiguer des soins à d'autres personnes, envoyées par un ami kinésithérapeute. Une amie m'aide à me faire connaître et je reçois un jour par semaine : je coupe le feu dans toute sortes de cas : lumbago, zona, maux de tête, eczéma.... Je ne me fais pas payer, on me rétribue en nature, avec des produits du potager, des chocolats pour mes enfants. (Désormais je suis officiellement inscrite à la chambre des métiers et j'exerce cette activité.)

« *Vous avez changé !* »

À l'approche de mes trente ans, je garde espoir. Je me dis qu'après tout ce que j'ai traversé, le meilleur reste à venir. J'espère que Brice pensera à me faire une surprise pour mon anniversaire.

Je croise les gens dans le village : « Nina, tu as minci, cela te va bien » ! me disent-ils. J'accueille le compliment. Comme beaucoup de mères au foyer, jusqu'à maintenant je faisais passer mes enfants avant tout et mes moyens financiers limités freinaient mes efforts de coquetterie. Maintenant les choses ont changé, je prends soin de moi et de mon apparence, d'autant plus que je travaille dans un service où je fais essentiellement de l'accueil.

Maman est venue habiter près de chez nous. Elle est seule et les week-ends lui semblent longs. Elle propose à Brice de garder les enfants pour que lui et moi puissions sortir. Mais c'est peine perdue. Brice est toujours aussi distant avec moi, même dans l'intimité. Les samedis soirs il regarde le foot à la télévision pendant que je couche les enfants et m'endors seule dans le lit froid.

— Nina, je sais que tu aimes danser, comme ta maman, sortez ensemble toutes les deux ! me propose-t-il.

— Brice, une mère de famille ne sort pas le samedi soir ! Et je n'ai pas envie de sortir sans mon mari.

Finalement, lorsque Maman me propose de l'accompagner au repas dansant de notre village, Brice insiste en disant que cela me fera le plus grand bien. Je suis réticente. Mon intuition me dit que mon avenir va dépendre de cette soirée, c'est bête…

Lorsque j'entre dans la salle immense, les yeux sont braqués sur moi. Les gens ne me reconnaissent pas. Je ne suis plus la femme au foyer brune et ronde, j'ai une belle silhouette d'une jeune femme épanouie et les cheveux blonds !

Je suis accompagnée par Maman et nous dansons sur un air d'accordéon que joue l'orchestre. Je reconnais parmi les musiciens le responsable de l'office HLM. Il est plus âgé que moi, il pourrait être mon père. Pendant le repas, je l'aperçois. Il s'approche et me glisse : « Vous avez changé, vous avez minci, cela vous va bien ». Toute la soirée, nous échangeons des regards, avec beaucoup de pudeur et de timidité. Malgré la différence d'âge, ce qui vient de se passer dans les yeux de l'un et de l'autre ne trompe pas : c'est un vrai coup de foudre. Quelque chose qui arrive brutalement. J'en ai froid dans le dos.

À la maison l'ambiance est toujours morose, Brice a envie de changer de vie et commence à évoquer une éventuelle séparation. L'angoisse me ronge à nouveau, je perds du poids, passant sous la barre des cinquante kilos. Je me sens faible et j'ai du mal à tenir debout en fin de soirée. Je continue à assumer mon rôle de maman sans laisser transparaître le mal être.

Je me souviendrai de l'année de mes trente ans ! En juin 2004, Brice et moi décidons de nous séparer dans les meilleures conditions possibles. Tout va très vite à l'image de notre vie commune dans laquelle les étapes s'étaient enchaînées si vite : fiançailles, mariage, bébé, maison. Ce jour-là, tout se délie : partage des meubles, vente de la maison, division des comptes, séparation, déménagement.

Bien sûr les enfants en souffrent. Pour atténuer un peu le choc je les emmène consulter un psychologue.

Je survis

2004 et 2005 sont deux années bien difficiles. Mon contrat de secrétaire de mairie n'a pas été renouvelé, je suis au chômage, seule avec mes trois enfants, mais dans un logement décent, heureusement.

Je sens pourtant une force en moi. Je rencontre un prêtre auquel je confie les difficultés que je traverse. Ironie du sort, c'est bien le seul homme de ma vie que j'ai pu appeler « mon père » ! Comme je commence à travailler le magnétisme, il me raconte que lui aussi possède ce don de couper le feu. Nous partageons nos expériences. Nous parlons beaucoup et je peux même aborder les traumatismes de mon enfance. « Nina, il aurait fallu parler à votre maman ! Ne pas garder pour vous ce que vous avez subi. » me dit-il. Je comprends alors que ma vie aurait été différente si j'avais su m'exprimer et si j'avais su raconter mon histoire à Maman.

En vieillissant, j'arrive à le dire à mon entourage, mais toujours pas à la principale intéressée, car j'ai peur de lui gâcher sa retraite. Elle ne me pose pas de questions, mais me reproche d'être très agressive avec elle. Je ne sais pas quoi lui dire, je n'y arrive pas…

Je vis une belle histoire d'amour avec le musicien. Pourtant notre relation est si fusionnelle qu'elle provoque des tensions. Ma situation est régularisée mais lui n'est toujours pas divorcé.

Je suis dans une bulle avec lui, je ne vois plus personne. Je perds l'estime de ma propre famille qui ne me reconnaît plus. À leurs yeux je suis devenue une autre Nina, la poupée du musicien charmeur et séducteur. Ensemble nous avons créé un duo de musique et nous animons des fêtes d'anniversaire, des mariages…

Après deux ans d'amour et de passion il décide de mettre un terme à notre relation. Il vient chercher ses affaires et me laisse sans nouvelles pendant plusieurs jours. Je me sens abandonnée. Comment faire le deuil de notre relation ? Je l'aime si fort. Je lui propose de faire une pause, il refuse.

Ma mère m'avait mise en garde. Il ne fallait pas que je m'attache à un musicien séducteur, plus âgé que moi. Effectivement, je me rends compte assez rapidement qu'il m'a quittée pour une autre, une femme de son âge. Je découvre une autre facette de l'homme que j'ai tellement aimé, voire adulé. J'ai été naïve.

Moi je ne vis plus, je survis…

Quand il m'arrive de le croiser, en voiture, je perds tous mes moyens. C'est comme si mon cœur prenait une décharge de 100 000 volts ! Je suis obligée de me garer. Je pleure amèrement sur mon volant. Je ne contrôle plus rien…

J'avais plaisir à animer en duo des fêtes, lui à l'accordéon, moi au chant… Nous chantions « l'hymne à l'amour » d'Edith Piaf… Tout cela n'est plus.

Je n'accepte pas sa décision de me quitter. Je sombre. Je sors beaucoup en fin de semaine, je vais d'aventures en aventures. Plus je suis entourée par ces hommes qui me désirent et plus je me sens seule. Je me détruis à petit feu.

Pendant la semaine je me réfugie dans le travail – des heures de ménage par-ci par-là –, je me tourne vers mes enfants, je leur prodigue mon amour et ils me le rendent bien. J'ai une amie qui me soutient aussi. Je continue à être accompagnée par une psychologue. Mon médecin me conseille de parler enfin à Maman, et de renoncer à ma quête du père que je n'ai pas eu. Plus facile à dire qu'à faire !

Il suffira d'un signe

Printemps 2007. Je suis malheureuse. Je fais des ménages alors que j'étais secrétaire de mairie. Ma chienne Galipette est morte. Ma famille me tourne le dos et mon ancien compagnon est aux abonnés absents. Je prends conscience qu'il faut que ma situation change. Il est temps de chercher activement un travail plus valorisant. Une petite voix intérieure m'encourage : « Nina, ne baisse pas les bras, bouge-toi ! »

D'abord, je comprends qu'il me faut retourner aux sources pour pouvoir avancer. Je file quelques jours dans le Nord. C'est une cousine que je connais peu qui m'héberge gentiment. Maman y est également pendant mon séjour.

Je questionne ma cousine sur l'époque de ma naissance, le divorce de Maman. Je suis toujours obnubilée par la question de la filiation. Ma cousine n'écarte pas l'hypothèse selon laquelle Rémy serait mon père. Je suis très émue. Et si c'était vrai ?

Tout s'embrouille dans ma tête. Peut-être que Maman elle-même se demande qui est mon père mais qu'elle ne me l'a jamais dit ? Je fais quelques allusions à Maman pour lui tendre la perche. En vain.

Je décide de partir seule au cimetière pour me recueillir sur la tombe de Rémy. En ce 25 juillet il fait très beau. Je m'agenouille et m'adresse en prière à Rémy : « si je suis ta fille fais-moi un signe depuis là-haut ! ». Je quitte le cimetière le visage ruisselant de larmes et m'arrête dans le champ de blé juste à côté, je ramasse quelques épis pour les ramener précieusement chez moi. C'est l'après-midi, il n'y a pas de nuage, pas d'oiseau dans le ciel et je reçois une fiente d'oiseau sur mon pantalon. Ma cousine qui n'est pas loin me confirme qu'il n'y avait pourtant pas d'oiseau à l'horizon.

Est-ce un signe de Rémy ? Est-ce une réponse à mon éternelle question ?

Pour certifier ce que j'interprète comme un signe, il me faudrait entamer une procédure avec mon géniteur, mais Maman s'y oppose. Je souhaiterais qu'elle avoue : « je n'ai moi-même jamais su qui est ton père. » Ce n'est pas gagné ! Mais je suis soulagée de revoir la maison dans laquelle j'ai vécu mes trois premières années avec Rémy.

Je profite de mon séjour pour renouer avec ma famille. Je repars battante !

En septembre je décroche un contrat à mi-temps dans un établissement scolaire.

Mais je me sens seule. Ma vie sentimentale est un échec.

Au retour de mon séjour dans le nord j'ai eu envie d'un face à face avec mon ex-compagnon. J'avais besoin d'explications, qu'il me dise pourquoi il était parti dix-huit mois auparavant. Pourquoi est-ce qu'il m'avait quittée en me disant : « restons amis » ? Moi qui me consumais d'amour pour lui, je ne voulais pas de son amitié ! Et encore moins l'entendre me demander conseil sur sa relation avec sa nouvelle copine.

Mais à la fin du mois d'août, je me sentais prête à cette discussion, dans un climat apaisé. J'ai découvert un homme transformé physiquement. Je lui ai dit que la haine que j'avais pu ressentir pour lui quand il m'a quittée s'était calmée. Que son bonheur ferait le mien. Nos regards trahissaient l'envie que nous avions l'un de l'autre. Lui m'a dit qu'il n'avait jamais ressenti de haine à mon égard.

Briser le silence

« Tant que vous ne parlerez pas à votre maman des traumatismes de votre enfance, vous n'avancerez pas », me répète ma psychologue. Depuis des années je fais le chemin de chez moi à chez Maman pour tout lui dire. Chaque fois au dernier moment j'abandonne, pour la préserver.

Par un gris matin d'hiver, j'ai froid dans le dos et dans le cœur. J'arrive chez Maman qui me sert un thé au citron comme d'habitude. Mon regard se trouble, ma gorge se serre, je prends la parole. Au ton de ma voix elle comprend que c'est important.

– Maman, j'ai quelque chose à te dire. Voilà, pendant que tu travaillais tôt et tard le soir, « l'autre » a abusé de moi.

Maman s'effondre et balbutie :

– Je suis désolée de ne pas t'avoir protégée !

Le silence est lourd. Nous nous prenons dans les bras. J'ai envie de sentir sa chaleur maternelle.

– Maman, si je l'avais dit à l'époque, est-ce que tu l'aurais agressé ?

– Je l'aurais même tué !

– Tu sais je ne voulais pas être séparée de toi, j'ai subi sans rien dire parce que je ne voulais pas être placée en foyer.

Ce dimanche 16 décembre 2007 marque un tournant dans ma vie. Quel soulagement d'avoir pu dire à Maman ce qui m'a meurtrie, cela faisait si longtemps que j'espérais trouver le courage de parler !

J'étais habituée à regarder une émission de témoignages animée par Jean-Luc Delarue sur des sujets de société. Je faisais un amer constat. Je me sentais concernée par tous les appels à témoins lancés à la fin de chaque émission : « Votre père n'est pas votre père », « l'alcool détruit quelqu'un de votre entourage », « vous avez été victime d'attouchements ».

Au printemps 2008, quelques mois après mes révélations à Maman, le thème « Le jour où j'ai osé parler » a été annoncé. Je me suis empressée d'envoyer ma candidature. Je ressentais le besoin de passer sur un plateau de télévision pour témoigner et être reconnue comme victime et ensuite porter plainte.

Je me souviens de l'appel téléphonique que j'ai reçu rapidement de l'équipe de production : les séquences seraient filmées dès la semaine suivante, chez moi et dans un parc à Lyon. Il n'y avait pas de temps à perdre ! Ensuite je participerais à l'émission, en plateau.

J'accepte, à condition qu'on respecte mon anonymat. On me fera raconter le jour où j'ai enfin osé parler à Maman. Dans la mesure où elle est concernée, elle est sollicitée pour être interviewée également. Pendant le tournage, nous portons toutes les deux des lunettes noires et une perruque. On nous interviewe. J'explique combien ma vie a été perturbée par ces abus. Maman exprime ses remords, elle se sent coupable de ne pas s'être bien occupée de moi…

Pendant l'émission, cette séquence est projetée. Je suis sur le plateau, Maman en revanche refuse d'y participer, pour ne pas étaler notre vie privée. Pour ma part je trouve une forme de soutien en côtoyant d'autres victimes.

Le lendemain de la diffusion à la télévision, un ami qui m'a reconnue me contacte.

– Est-ce que c'était toi, hier, à la télé ?

– Oui.

– Est-ce que je peux passer te voir ?

– Oui.

Quand il arrive, il ne sait pas quoi dire mais il me serre fort dans ses bras. Il n'est pas le seul à m'avoir reconnue, mais la plupart des gens ne savent pas comment réagir. Le sujet reste tabou alors tout le monde se tait.

À la suite de cette émission, j'ai l'occasion d'entrer en contact avec des avocats, on m'explique les démarches que je pourrais entamer. Je suis motivée pour me battre.

Mais « l'autre » vit sur la Côte d'Azur. Cela signifie qu'il va falloir que je me rende là-bas, que je finance un avocat. Comment faire avec mes faibles revenus et mes trois enfants à charge ? Je finis par me résigner : faute de moyens je ne pourrai pas porter l'affaire devant la justice.

Les derniers mois de Maman

Maman souffrait de solitude, c'est la raison pour laquelle elle était venue vivre près de chez nous en 2000. Elle se réjouissait de profiter de ses petits-enfants. Elle a enchaîné les petits boulots jusqu'à la retraite qu'elle attendait impatiemment.

Un jour, elle m'avait accompagnée chez ma thérapeute qui lui avait expliqué combien le doute au sujet de mon père me taraudait. Maman lui avait assuré que Claude était mon père. Sa certitude face à la thérapeute m'avait libérée. J'avais arrêté de douter sur l'identité de mon géniteur.

Maman a été active, engagée dans trois clubs où elle aimait chanter. « Je ne veux pas y aller pour jouer aux cartes ou rester assise, mais pour chanter quand on organise un banquet ou un voyage ! »
Quand elle vivait des moments de bonheur, par exemple entourée de ses enfants et petits-enfants, Maman était si belle !

Mais son fond dépressif ne l'a jamais vraiment quittée. Elle sombrait dans l'alcool. Elle a pourtant accepté de se faire aider par son médecin traitant et j'ai fait tout mon possible pour l'aider à lutter contre cette addiction. Elle a réussi à s'en débarrasser, mais la dépression est toujours restée. Mon frère et moi avons fait de notre mieux pour l'entourer au quotidien.

Elle était de plus en plus essoufflée quand un examen médical a révélé en février 2011 un cancer avec des métastases un peu partout dans son organisme.

Un protocole de huit séances de chimiothérapie a été mis en place en urgence. Maman ne voulait pas de ce lourd traitement. Je suis parvenue à convaincre l'équipe médicale de faire revenir Maman chez elle dans un protocole d'hospitalisation à domicile. Logiquement ce n'était pas possible puisqu'elle vivait seule, mais l'infirmier a accepté de la suivre malgré son surcroît de travail. Il m'a mise en garde : « ce seront des moments difficiles pour vous ». Je passais le plus souvent possible. En travaillant juste à côté, je pouvais venir plusieurs fois dans la journée.

Je suis devenue à ce moment-là l'infirmière, la dame de compagnie et la confidente de ma mère.

Les forces de Maman l'ont abandonnée au fil des jours. Pour le dix-huitième anniversaire de ma fille, Maman n'a plus eu l'énergie de se joindre à nous (j'avais prévu une fête surprise). Finalement nous tous, famille et amies sommes allées à tour de rôle lui rendre une visite. Maman était heureuse, elle nous a joué de l'harmonica. Un grand moment d'émotion pour nous tous.

Elle s'est éteinte le 24 juin 2011 au soir. Mon frère a pu venir dans l'après-midi me rejoindre à l'hôpital le jour de son départ. Nous étions tous les trois réunis pour qu'elle puisse partir dans l'amour et la paix. Pour ma part, j'avais passé les dernières heures en position fœtale, couchée contre Maman qui était apaisée et sur le dos.

Je me suis sentie abandonnée. J'ai aussi ressenti la culpabilité de lui avoir parlé de ce que j'avais enduré, me demandant si cela avait peut-être déclenché son cancer. Avec sa mort, une partie de moi est morte aussi, j'avais l'impression d'avoir un pied dans la tombe.

Heureusement mes trois enfants m'ont apporté un précieux soutien. Ils m'ont donné envie de continuer à me battre. « Ta vie n'est pas terminée, tu ne dois pas baisser les bras ! » me disait ma fille. Mes garçons aussi, même s'ils traversaient leur crise d'adolescence, me protégeaient et m'encourageaient.

Mes enfants savaient par quoi j'étais passée dans l'enfance, ils savaient ma quête éperdue d'un père que je n'ai jamais eu. J'avais d'ailleurs été attendrie par la manière dont ma mère avait choyé mes enfants (bien plus qu'elle ne l'avait fait pour moi).

J'avance

Je reviens un peu en arrière dans mon récit.

Début 2008, après avoir enfin révélé mes souffrances d'enfant à Maman, j'ai choisi de me fixer un nouvel objectif professionnel : me présenter à un concours d'adjoint administratif. Pendant plusieurs mois j'ai partagé mon temps entre mon emploi de secrétaire d'intendance à l'école le matin, la préparation du concours l'après-midi. Cela m'a demandé beaucoup d'efforts de me plonger dans la lecture des manuels scolaires. Mes troubles de l'attention m'ont toujours tenue éloignée des livres. J'ai passé le concours en avril 2008 à Lyon. En attendant les résultats début juin je me suis offert des vacances en Tunisie avec une cousine. J'avais tellement besoin de décompresser. Soleil, sport, repos, massage, quad, chameau… Ce fut une belle parenthèse pour prendre soin de moi et revenir en forme. C'est quelques jours après mon retour que l'équipe de Jean-Luc Delarue m'a appelée.

Au cours de l'été 2008, je fais la connaissance de celui qui deviendra mon troisième compagnon. Nous nous croisons à la piscine. Il a du charme et il me fait rire. Divorcé et père de deux enfants, il s'intéresse à moi et souhaite – davantage que moi – entamer une relation. Quand je lui dis que mon précédent compagnon est encore bien présent dans ma tête, il me répond « On peut toujours essayer ! »

Il est patient et me passe tous mes caprices. Je suis nerveusement à cran pendant cette période.

Il se veut rassurant. Notre relation dure quelques années, mais dès qu'il évoque une installation sous le même toit je me braque. Je rechigne à imposer un beau-père à mes enfants. J'ai encore du mal à faire confiance. À force de patience nous arrivons à vivre ensemble, avec nos cinq enfants.

Cependant la peur de l'abandon me poursuit, malgré la psychothérapie. Je ne parviens pas à me projeter dans un avenir avec cette personne. Mes sentiments pour lui sont sincères mais je le considère plus comme un ami, un confident. Notre relation se détériore, au bout de deux ans je commence à envisager la séparation sans pourtant passer à l'acte.

Mon quotidien est difficile. Maman est décédée, je suis à nouveau au chômage.

C'est fin 2013 que je romps en lui écrivant une lettre. Je lui demande de partir en le remerciant en même temps pour tout ce qu'il m'a apporté. Il est triste, démuni, car toujours amoureux. Au fond, je me dis que si je le quitte, je ne cours pas le risque que lui m'abandonne un jour. Peut-être aussi que c'est une crise d'adolescence tardive ? Je cours après ma liberté, je souhaite me recentrer sur moi-même. N'arrivant pas à gérer ma propre douleur face à cette situation, je reste intransigeante face à la sienne. Même souffrant, il reste bienveillant à mon égard et un ami sur lequel je peux compter.

« Cours, Maman ! »

L'année de ma quarantaine correspond à l'envie d'un nouveau départ. Je reprends espoir.

Au niveau professionnel je prends ma vie en main en entamant une validation des acquis avec le Greta. Je prépare le baccalauréat de secrétariat.

J'attends avec impatience les résultats de l'examen. J'ai prévenu les enfants : je serai probablement trop fébrile pour lire le courrier quand je le recevrai. Ce sera à eux de le faire. Si je suis reçue, ils devront me dire d'aller me jeter dans l'herbe !

Le 1ᵉʳ avril 2014, quand le courrier est passé, j'ai posé la lettre sur la table dehors, au soleil. Ils l'ont ouverte et crié : « cours Maman, cours ! ». J'ai couru, ils m'ont sauté dessus et nous avons roulé dans l'herbe ! J'étais si fière ! Ça y est, j'ai quarante et j'ai eu mon bac ! Un beau cadeau pour apprendre à m'estimer davantage. Une revanche sur la vie !

Cette même année, je fais la connaissance d'un homme de dix-huit ans mon aîné.

Nous échangeons beaucoup sur les soins et le magnétisme, car lui aussi donne beaucoup aux autres. Cet homme m'impressionne par sa grande taille et son grand cœur. Rapidement il devine de moi tellement de choses. Cela me surprend. C'est comme s'il déroulait le fil de ma vie alors que je ne lui avais rien dit.

À ma façon d'être avec lui il sent combien je souffre de dépendance affective.

Nous nous voyons de temps en temps, il me fait découvrir la nature dont j'ai si peur. Je réussis même à m'endormir dans l'herbe au creux de ses bras, alors que depuis l'enfance la peur des serpents m'en avait toujours empêchée.

Il passe beaucoup de temps à me rassurer. C'est un spécialiste de la relation d'aide, il est fin psychologue, il me répète que je dois guérir de mes blessures et mes démons, et qu'être bien avec soi-même est le plus important. Parfois il tape du poing sur la table de la cuisine : « Nina, je connais tes souffrances, mais tu es une battante, tu y es toujours arrivée ! Fais-toi confiance bonzou (bon sang)! »

D'autres fois il m'installe dans un fauteuil sur son balcon pendant qu'il cuisine un repas. Je me sens choyée, aimée. « Tu es une petite fleur cachée derrière les grandes », me souffle-t-il. « Arrête de courir, de fuir, apprends à te poser quand ça bouillonne dans ta tête. »

Je suis éprise de cette personnalité mystérieuse, obscure, décalée et indépendante. Sa force me donne du courage. Nous entreprenons de beaux voyages ensemble, sans pourtant envisager une vie commune. « Non, ce n'est pas possible. Je suis un ours dans ma caverne et toi une jeune femme, pétillante, une vraie pile électrique. Pourtant, si tu savais comme je t'aime. Pour t'aimer, Brin d'amour, je n'ai pas besoin de te faire l'amour », me dit-il.

Nous nous voyons par épisode, je souhaite le voir heureux. Pourtant, l'absence de projets communs me pousse à mettre fin à cette relation. Il m'a

appris l'indépendance et la confiance en moi. Il restera mon confident et continuera à croire en mes ca-
pacités.

J'ai eu du mal à faire le deuil de cette relation, il
m'a fallu plusieurs mois.

Ma maison

En 2018, les enfants grandissent et prennent leur envol. Je suis locataire et je rêve d'acheter une maison mais mes moyens sont limités. Pourtant je travaille dur : en plus de mon emploi comme vendeuse dans le prêt à porter, je fais des heures de ménage et je donne des soins énergétiques.

Je fais quand même le tour des banques, je m'acharne.

Grace à l'aide d'un ami je visite une maison qui me conviendrait, même s'il y a des travaux à faire. Je décide de l'acheter. La chance me sourit puisqu'une cliente du magasin de prêt-à-porter me parle d'un poste à pourvoir dans son entreprise. Je pose ma candidature comme assistante technique et suis embauchée à plein temps ! En parallèle, je rencontre une nouvelle conseillère financière qui fait de son mieux pour soutenir mon dossier.

Je suis pleine de gratitude pour ces deux personnes qui m'ont tendu la main !

Faire l'acquisition d'une maison me stresse beaucoup ! La question tourne en boucle dans ma tête : vais-je y arriver ?

Cette même année, en plus du changement professionnel et de l'achat d'une maison avec des travaux à faire, je vis un bouleversement familial ! Ma fille m'annonce qu'elle attend un enfant. Que d'émotions ! La naissance de ce petit-fils fin octobre 2018 vient égayer nos vies et souder encore un peu plus notre noyau familial. Tout en travaillant, j'essaie de me rendre disponible pour aider au mieux les jeunes parents dans leurs débuts.

En mai 2019, je signe enfin l'achat de ma petite maison. Enfin, pour le moment c'est plutôt une grange à rénover ! Il y a au moins six mois de travaux mais j'ai la chance d'être aidée. Mes enfants se proposent de me donner un gros coup de main. Mon frère aussi vient durant plusieurs mois prêter main forte. Il sait qu'un rien me stresse. Sa présence me rassure. (Oh comme je l'aime, mon frère !)

Il n'y a pas de jardin et c'est aussi bien, je ne tiens pas à m'épuiser dans l'entretien des extérieurs. Je suis plutôt une femme d'intérieur.

J'ai trouvé une sérénité d'esprit au travail avec une bonne équipe et des collègues sympathiques. Je profite de mes congés assez nombreux pour voyager un peu. En revanche, je me rends compte que je supporte difficilement la pression hiérarchique surtout de la part d'un homme.

Je continue à prodiguer des soins quand on m'appelle, mais je suis trop occupée par les travaux de la maison pour développer davantage cette activité. Ce n'est que partie remise.

Au printemps 2019, j'ai l'intuition que Claude, mon géniteur, est décédé. Pour en avoir le cœur net je fais des recherches sur internet. Effectivement, il est mort en 2018. Je suis blessée de constater que personne ne m'a tenue informée. Cela réveille ma culpabilité d'exister. J'avais encore espoir que sa femme partirait en premier et que cela me permettrait de revoir Claude, d'avoir un dernier échange avec lui, en vérité. J'attendais de lire dans ses yeux l'admiration d'un père pour sa fille – même non reconnue officiellement. Cet espoir est parti en fumée.

Nouvelle rencontre

Mars 2020. Le monde entier est confiné pour lutter contre la propagation du coronavirus.

Mon deuxième fils quitte sa petite chambre d'étudiant en ville et s'installe chez moi pour suivre ses cours à distance. On s'entraide et on s'épaule moralement et je retrouve une belle complicité avec lui. En tant que dernier de la fratrie il a parfois manqué d'écoute de ma part. Il n'avait que cinq ans lors du divorce et j'ai fait comme j'ai pu. Je suis heureuse de partager un peu plus de temps avec lui à l'occasion de ce confinement, je découvre le jeune homme qu'il est devenu.

Mais je vis difficilement la limitation de nos déplacements : c'est un déchirement de rester éloignée de mes deux grands, de mon petit-fils et de mon frère. Personne ne peut plus venir me voir ni m'aider pour les travaux. Je finis par faire appel à des artisans.

Le confinement réveille en moi une profonde solitude. Je me sens couler…

En septembre 2020 je prends la décision de m'inscrire sur un site de rencontres. Je ressens le besoin d'échanger avec de nouvelles personnes. Je découvre le profil d'un homme charmant aux cheveux poivre et sel (plutôt très sel). Il est séparé. Nous échangeons des messages. En ce temps de confinement impossible de se rencontrer au restaurant, ils sont tous fermés. Au fil du temps je finis par le reconnaître : c'est un artisan qui est déjà venu chez moi pour des travaux. À mon grand étonnement nous avons le même âge. Nous partageons des valeurs : la sincérité, la famille.

Notre histoire commence fin 2020. Je lui raconte avec franchise et pudeur ma vie passée. Lui a eu une vie plus stable que la mienne.

Nous organisons au mieux notre vie avec nos maisons, nos enfants, nos activités professionnelles respectives, nos animaux. (Depuis 2009 j'ai un nouveau chien Nénette, un bichon que Maman avait offert à Noël aux enfants. C'est une femelle.)

Pour ma part, le télétravail se met en place et m'apporte bonheur et liberté. En travaillant à la maison je suis dans mon cocon rassurant et je ressens moins la pression hiérarchique.

Au bout de quelques temps il propose de m'employer comme secrétaire standardiste de sa petite entreprise artisanale. Pourquoi pas ? Mais pour ne pas prendre trop de risques, au lieu de démissionner de mon poste d'assistante dans l'ingénierie, je pose un congé sabbatique de douze mois. Je pourrai revenir si nécessaire. À partir de 2022, petit à petit nous prenons nos marques pour collaborer au niveau professionnel. Je travaille depuis mon domicile, j'apprécie de gérer mon emploi du temps. Perfectionniste et sensible au stress, j'aime autant être chez moi.

Je suis restée en contact avec cet homme de dix-huit ans mon aîné qui m'avait tellement fait grandir.

Nous nous donnons quelques nouvelles, il m'envoie des photos de nos voyages, même si nous ne sommes plus ensemble depuis des années. Il me laisse entendre que je suis encore « dans son cœur et dans sa tête ». Je lui réponds qu'il ne serait pas tout seul aujourd'hui s'il s'était investi dans notre relation.

Lorsque je lance enfin officiellement mon activité de magnétiseuse début 2023, je me réjouis de lui en faire part.

– Nina, je suis fier de toi !

– Est-ce que je pourrais passer te saluer un de ces jours ?

– Oui, quand tu veux ! me dit-il avec sincérité.

Quelques jours plus tard il m'envoie un message : « pensées pour toi, prends soin de toi ».

Je ne lui ai pas encore rendu visite. Le lendemain, sa fille m'apprend qu'il a succombé à un arrêt cardiaque. Son dernier SMS est comme un message d'au revoir.

Le décès de cet homme protecteur ravive ma souffrance et mon manque de figure paternelle. Je me sens coupable également de n'avoir pas pris le temps de le voir.

Je me heurte à l'incompréhension de mon compagnon. Il me reproche de ne pas lui avoir fait part de l'existence de cet homme, du lien qui m'unissait à lui. Comme cette relation était finie depuis longtemps, je n'avais pas jugé utile de lui en parler. « Depuis ce décès quelque chose a changé en toi, Nina », me dit-il.

Et maintenant

Je m'accroche au présent et aux moments heureux de ma vie. Je vis au jour le jour en m'autorisant des projets, en minimisant les risques. Mon travail me plaît, mon activité de magnétiseuse fonctionne. Je savoure la présence de mes trois enfants et deux petits-enfants, mon compagnon est bienveillant avec nous. Je peux dire que je suis une femme heureuse. Grâce à l'amour de mes proches et de mes amies j'ai pris ma revanche sur la vie.

De temps en temps j'ai encore des passages à vide, j'oscille entre joie et peine. J'ai peur du bonheur parce qu'il m'a filé entre les mains quand j'ai cru le tenir. Mais pour apaiser mon cœur et chasser les pensées négatives je pratique toujours la danse et le chant.

J'ai tellement souffert de l'abandon, j'avance dans mon processus de guérison. J'essaie de calmer en moi la petite fille blessée pour permettre à la femme de s'épanouir. C'est une bataille que je livre au quotidien mais désormais avec le sourire.

Moi qui avais toujours rêvé que mon père biologique m'emmène à New York, en chantant la chanson d'Elsa « *T'en vas pas... Il est parti sans moi, Tu ne m'emmèneras jamais aux USA... »*, je projette sérieusement de le faire.

Je remercie mes proches qui témoignent d'une grande patience avec moi au quotidien. Je présente mes excuses à ceux que j'ai involontairement blessés. Je souhaite terminer ce récit par la magnifique chanson « J'ai reçu l'amour en héritage », parce que Maman, malgré tout, m'a transmis l'amour.

J'ai reçu l'amour en héritage
Un matin au pays des cigales
La folie et le génie voyagent
Bien au-delà du temps
Bien par-dessus les océans

J'en ai lu, j'en ai tourné des pages
Pendant mes années folles ou sages
Pour quelqu'un qu'on ne met pas en cage
C'est un beau cadeau
L'amour en héritage

Et si ma vie se traduit en je t'aime
Si nos chemins ont croisé des torrents
On est toujours un oiseau de bohème
Une enfant du printemps

J'ai reçu l'amour en héritage
Un matin au pays des cigales
La folie et le génie voyagent
Bien au-delà du temps
Bien par-dessus les océans

J'en ai lu, j'en ai écrit des pages
Avant de poser mes bagages
J'en ai vu tomber des pluies d'orage
Avant de trouver
L'amour en héritage

Remerciements

Afin de respecter la vie privée des personnes dont je fais mention dans ce livre j'ai modifié leurs prénoms. Cela ne m'empêche pas de remercier celles et ceux qui se reconnaîtront :

mon frère, si bon, qui m'a protégée du mieux possible
mes enfants qui m'ont toujours soutenue, depuis leur naissance ils illuminent ma vie,
mes petits-enfants qui me comblent de bonheur,
ma famille maternelle et particulièrement mes cousines pour leur affection et le soutien mutuel,
mon compagnon pour sa patience et son amour au quotidien,
le père de mes trois beaux enfants,
mes fidèles amies pour leur aide précieuse et leurs encouragements,
ma thérapeute qui me suit depuis si longtemps sans jamais perdre le fil de mon histoire,
ma chère amie qui m'a mise en contact avec Annelise Guérend Levin – écrivain biographe,
Annelise Guérend Levin pour son professionnalisme, sa gentillesse et sa pudeur.

Nina
Printemps 2024

Compléments

Il me plaît d'intégrer ici les chansons qui m'ont tant portée pendant les moments difficiles.

<u>Encore et encore – de Francis Cabrel</u>
Sortie en 1985
Paroles : Francis Cabrel et Roger Secco

D'abord vos corps qui se séparent
T'es seule dans la lumière des phares
T'entends à chaque fois que tu respires
Comme un bout de tissu qui se déchire
Et ça continue encore et encore
C'est que le début d'accord, d'accord...

L'instant d'après le vent se déchaîne
Les heures s'allongent comme des semaines
Tu te retrouves seule assise par terre
À bondir à chaque bruit de portière
Et ça continue encore et encore
C'est que le début d'accord, d'accord...

Quelque chose vient de tomber
Sur les lames de ton plancher
C'est toujours le même film qui passe
T'es toute seule au fond de l'espace
T'as personne devant...

La même nuit que la nuit d'avant
Les mêmes endroits deux fois trop grands

T'avances comme dans des couloirs
Tu t'arranges pour éviter les miroirs
Mais ça continue encore et encore
C'est que le début d'accord, d'accord...

Quelque chose vient de tomber
Sur les lames de ton plancher
C'est toujours le même film qui passe
T'es toute seule au fond de l'espace
T'as personne devant... personne...
Faudrait que t'arrives à en parler au passé
Faudrait que t'arrives à ne plus penser à ça
Faudrait que tu l'oublies à longueur de journée

Dis-toi qu'il est de l'autre côté du pôle
Dis-toi surtout qu'il ne reviendra pas
Et ça fait marrer les oiseaux qui s'envolent
Les oiseaux qui s'envolent

Tu comptes les chances qu'il te reste
Un peu de son parfum sur ta veste
Tu avais dû confondre les lumières
D'une étoile et d'un réverbère
Et ça continue encore et encore
C'est que le début d'accord, d'accord...
Et ça continue encore et encore
C'est que le début d'accord, d'accord...

Y'a des couples qui se défont
Sur les lames de son plafond
C'est toujours le même film qui passe
Même film qui passe...

<u>T'en va pas – d'Elsa</u>

Sortie en 1986
Paroles : Catherine Cohen et Régis Warnier

Cette chanson m'évoque mon père biologique qui a
fait le choix de ne pas vivre avec nous. J'avais rêvé
qu'il m'emmène aux États-Unis.

T'en va pas
Si tu l'aimes, t'en va pas
Papa si tu l'aimes dis-lui
Qu'elle est la femme de ta vie, vie, vie
Papa ne t'en va pas
On peut pas vivre sans toi
T'en va pas au bout de la nuit
Nuit tu me fais peur
Nuit tu n'en finis pas
Comme un voleur
Il est parti sans moi
On n'ira plus au ciné tous les trois
Nuit tu me fais peur
Nuit tu n'en finis pas
Comme un voleur
Il est parti sans moi
Papa si tu pensais un peu à moi
Où tu vas
Quand tu t'en vas d'ici ?
J'arrive pas à vivre sans toi
Avec la femme de ta vie, vie, vie
Papa, fais pas de conneries
Quand on s'aime, on s'en va pas
On ne part pas en pleine nuit
Nuit tu me fais peur
Nuit tu n'en finis pas
Comme un voleur

Il est parti sans moi
Tu ne m'emmèneras jamais aux USA
Nuit tu me fais peur
Nuit tu n'en finis pas
Comme un voleur
Il est parti sans moi
Papa je t'assure arrête ton cinéma
Nuit tu me fais peur
Nuit tu n'en finis pas
Comme un voleur
Il est parti sans moi
Papa je suis sûre qu'un jour tu reviendras

<u>En rouge et noir – de Jeanne Mas</u>

Sortie en 1986

Paroles : Jeanne Mas

J'ai remporté le premier prix chant et interprétation à treize ans en chantant ce titre lors d'un radio crochet.

Si l'on m'avait conseillée
J'aurais commis moins d'erreurs
J'aurais su me rassurer
Toutes les fois que j'ai eu peur
Je me serais blottie au chaud à l'abri d'un vent trop fier
Et j'aurais soigné ma peau blessée par les froids d'hivers
J'aurais mis de la couleur sur mes joues et sur mes lèvres
Je serais devenue jolie
J'ai construit tant de châteaux
Qui se réduisaient en sable
J'ai prononcé tant de noms
Qui n'avaient aucun visage
Trop longtemps je n'ai respiré autre chose que de la poussière
Je n'ai pas su me calmer chaque fois que je manquais d'air
Mes yeux ne veulent plus jouer, se maquillent d'indifférence
Je renie mon innocence
En rouge et noir, j'exilerai ma peur
J'irai plus haut que ces montagnes de douleur
En rouge et noir, j'afficherai mon cœur
En échange d'une trêve de douceur
En rouge et noir, mes luttes mes faiblesses
Je les connais, je voudrais tellement qu'elles s'arrêtent
En rouge et noir, drapeau de mes colères
Je réclame un peu de tendresse

Si l'on m'avait conseillée
Tout serait si différent
J'aurais su vous pardonner
Je serais moins seule à présent
Somnambule j'ai trop couru dans le noir des grandes fo-
rêts
Je me suis souvent perdue dans des mensonges qui
tuaient
J'ai raté mon premier rôle, je jouerai mieux le deuxième
Je veux que la nuit s'achève

J'y crois encore – Lara Fabian

Sortie en 2001
Paroles : Lara Fabian

Une chanson sur la résilience et l'espoir qui m'a accompagnée dans mon quotidien de maman, où s'en-
tremêlent mon bonheur et mes démons.

D'ici rien ne parle, rien ne bouge
Arrêt sur écran vivant
Isolée et vaincue sans doute
Aliénée, pas même un battement
J'aimerais qu'on me ramène,
je ne reconnais plus les gens
Seule tout au fond de ma haine
La peine est mon dernier amant.
Il faudrait que je me lève,
Respire et marche vers l'avant
Bâtisse à nouveau la grève
Enterrée par mes sables mouvants
et me souvenir de celle qui n'existe plus vraiment
Redevenir la rebelle,
Et la bête vaincue par l'enfant.

J'y crois encore
On est vivant tant qu'on est fort
On a la foi quand on s'endort, la rage au ventre
J'y crois encore
À tout jamais jusqu'à la mort
Le silence a eu tort
J'y crois encore

Et que l'espace où j'en crève
Devienne un autre néant,
Quand le ciel dévoilé soulève en moi

L'âme et l'émoi d'un géant
Me retourner sans un geste
Le passé, m'en passer vraiment
Cracher sur tout ce qui blesse
Ramener le futur au présent

J'y crois encore à tout jamais encore plus fort
Le silence a eu tort
J'y crois encore

Table des matières

Ce livre vous a intéressé ?

Vous pouvez échanger avec Nina :
lapetitefilledunord59@gmail.com

ou sur les réseaux sociaux :